智慧物流设施与设备应用

袁　森　孙明贺　主　编
陈建敏　冉　娟　杨　乾　副主编

中国财富出版社有限公司

图书在版编目（CIP）数据

智慧物流设施与设备应用/袁森，孙明贺主编 . --北京：中国财富出版社有限公司，2024.11（2025.8 重印）. -- ISBN 978 - 7 - 5047 - 8306 - 6

Ⅰ.F252 - 39

中国国家版本馆 CIP 数据核字第 2024XC9270 号

策划编辑	徐　妍	责任编辑	徐　妍	版权编辑	武　玥
责任印制	苟　宁	责任校对	杨小静	责任发行	敬　东

出版发行	中国财富出版社有限公司	
社　　址	北京市丰台区南四环西路 188 号 5 区 20 楼	邮政编码　100070
电　　话	010 - 52227588 转 2098（发行部）	010 - 52227588 转 321（总编室）
	010 - 52227566（24 小时读者服务）	010 - 52227588 转 305（质检部）
网　　址	http://www.cfpress.com.cn	排　版　义春秋
经　　销	新华书店	印　刷　北京九州迅驰传媒文化有限公司
书　　号	ISBN 978 - 7 - 5047 - 8306 - 6/F·3773	
开　　本	787mm×1092mm　1/16	版　次　2025 年 1 月第 1 版
印　　张	13.25	印　次　2025 年 8 月第 2 次印刷
字　　数	306 千字	定　价　52.00 元

前　言

　　本书以习近平新时代中国特色社会主义思想为指导，以立德树人为根本任务。目前，物流业已成为各产业链的重要环节，也成为国民经济的基础性产业。其中，智慧物流设施设备可以提高物流效率、降低物流成本、提高物流服务质量、促进物流行业的可持续发展。随着信息技术和自动化技术的不断发展，智慧物流设施设备的应用前景将越来越广阔。如何开发出符合职业教育需要的、符合企业用人需求的、以培养学生岗位技能为核心的物流类专业核心教材，一直是职业教育专家认真思索、物流行业专家孜孜探索、职业教育学生较为期待的事情。《智慧物流设施与设备应用》认真研究分析数字经济下物流与供应链人才需求的新变化，积极应对数字经济发展下的物流与供应链转型升级人才需求，通过新专业教学贯彻标准，深化产教融合，推动商贸类专业群的专业升级与数字化转型，为优化专业布局和专业内涵式发展提升打下基础。为学生、从业者适应不同类型物流场景岗位需求提供强有力的指引。

　　本书依据中华人民共和国教育部发布的新版《职业教育专业目录》，以企业真实的典型物流场景运维为例，基于物流岗位工作过程中使用的设备开发设计。全书以物流业务流程为导向，以工作任务为载体，以企业岗位能力要求为主线，解读物流过程中使用设备的每个流程、每个环节及其所需的知识和技能。通过学习设备操作安全规程模块、智能仓储设施设备模块、智能运输与配送设备模块、智能装卸搬运设施设备等模块将物流安全意识及设施设备与物流岗位衔接。另外，本书配有拓展资源，包括视频及图片，能够让读者更直观地了解相关设施设备。

　　本书由袁森、孙明贺任主编，陈建敏、冉娟、杨乾任副主编。具体分工如下：袁森负责大纲及设施设备篇模块一与模块二，孙明贺负责安全素养篇，陈建敏负责设施设备篇模块三与模块四，冉娟负责设施设备篇模块五与维护管理篇模块一，杨乾负责维护管理篇模块二，最后由袁森总纂及定稿。参与编写的人员还有：张芳、单会彦、郭怡、刘璐、曲萌、李俊玲、谢钰童、谢璐、张燕、韩学敏、刘丽丽。

　　本书在编写过程中，得到了全国物流职业教育教学指导委员会的高度重视和支持，还得到了全国多所物流企业的悉心帮助，在此一并表示感谢。

　　由于编者水平有限，书中难免存在欠妥之处，恳请使用本书的各界人士不吝指正。

编　者

2024 年 11 月

目　录

安全素养篇

模块一 安全基础知识

学习目标

◎ 知识目标

（1）了解安全基础知识。

（2）掌握安全责任体系与岗位职责。

（3）掌握各个岗位的安全职责。

（4）掌握物流安全的重要性。

（5）了解"预防为主、安全第一"的方针。

（6）掌握物流安全管理的要点。

（7）掌握安全标志的安装位置与方法。

（8）掌握不同情况下使用的安全标志。

◎ 能力目标

（1）能够建立并维护安全责任体系。

（2）能够讲解各个岗位的安全职责。

（3）能够根据工作场合安装符合规定的安全标志。

（4）能够根据物流设施设备确定安全管理制度。

◎ 思政目标

（1）培养学生安全第一的意识。

（2）通过智慧物流技术助力"乡村全面振兴"和"一带一路"倡议。

（3）引导学生理解物流行业服务国家战略的使命，强化"交通强国""数字中国"的理念。

知识图谱

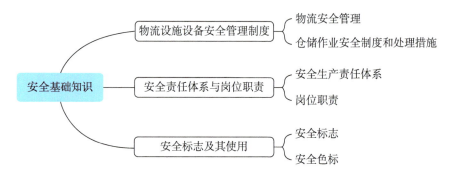

 案例导入

在现代社会中，职业健康和安全已经成为广泛关注的议题，其重要性愈发凸显，无论是对个人还是对整个社会而言，保障职业健康和安全都是必不可少的，关乎着人们的身体健康、工作效率和整体社会稳定。本文将从多个方面探讨职业健康和安全的重要性。

首先，职业健康和安全是保障个体身体健康的基础。一个人的健康是工作和生活的基础，而员工的工作环境直接关系到个体的身体状况。一个良好的工作环境可以有效预防和减少职业病与工伤的发生，保障员工的身体健康。规范的工作程序和必要的安全设备可以最大程度地减少职业健康和安全问题，提高员工的工作质量和生产效率。

其次，职业健康和安全关乎着员工的长远发展。员工是企业的重要资源，其职业健康和安全对于企业的发展至关重要。建立良好的职业健康和安全管理体系，不仅可以提高员工工作的积极性和满意度，还能增强员工的归属感和忠诚度。有良好的工作环境和相应的健康保障措施，员工会更加愿意留在企业，努力工作并为企业做出更多贡献。同时，良好的职业健康和安全管理也能够促进员工的个人成长和职业发展，使其能够充分发挥自己的潜能和才华。

最后，职业健康和安全对于社会的稳定和可持续发展也有着重要影响。职业健康和安全问题的存在会导致劳动力供给不足，影响社会的正常运转。职业病和工伤的发生除了会给个人带来痛苦和损失外，还会给社会带来经济损失和社会负担。为了避免这些问题的发生，社会需要加强对职业健康和安全的管理和监督，提高劳动者的权益保护水平，维护社会的和谐和稳定。

要做好职业健康和安全管理，关键在于各方的共同努力。首先，企业应建立完善的职业健康和安全管理制度，明确职责和责任，加强培训和教育，提高员工的安全意识和技能。其次，政府和监管机构应加强监督和指导，加强对企业的监管和执法力度，确保职业健康和安全制度的合规执行。同时，员工自身也要增强自我保护意识，积极参与公司举办的培训和教育活动。只有各方齐心协力，才能建立一个真正健康和安全的工作环境。

综上所述，职业健康和安全是一个全面的体系，关乎个人健康和社会稳定。保障工作环境的健康和安全是社会责任，也是智慧的选择。通过加强各方合作和相互理解，我们可以共同打造一个更加安全、健康、和谐的职业环境，为个体和整个社会的发展做出积极的贡献。

任务一　物流设施设备安全管理制度

 ## 任务描述

2023 年 6 月 26 日凌晨，山东省青岛市一钢结构工程公司仓库起火，现场浓烟滚滚。

2023 年 7 月 5 日，山东省济南市一仓库发生火灾。

2023 年 6 月 5 日，河南省南阳市某材料公司原料储存仓库发生一起爆燃事故，造成 4 人死亡。因原料储存仓库漏雨，仓库内堆放的电石、镁矿粉、铝粒等物质遇水释放出氢气、乙炔等可燃气体。初步判断事故原因为作业人员进行仓库顶棚切割时产生的火花与仓库内积聚的可燃气体相遇发生爆燃。

2022 年 5 月 30 日，位于江苏省常州市的某汽车灯具厂半成品仓库发生火灾，导致 4 人死亡，直接经济损失达 1719.25 万元。经调查事故直接原因为，员工违反企业禁烟规定，吸烟后遗留火种引燃包装纸箱堆垛并蔓延扩大。

2022 年 4 月 11 日，四川省成都市一仓库因电气线路故障引燃周围可燃物，引发火灾，过火面积达 1600 平方米。

要求：请以项目组为单位，认真阅读案例，并了解保卫工作、作业安全、物流消防等方面的知识，完成"任务实施"中提出的问题。

 ## 知识链接

知识点 1：物流安全管理

物流安全问题一般指物流运作过程中发生的因人为失误或技术缺陷造成的货物损坏或失效、物流设施损坏、人员伤亡及物流信息失真等安全问题。

一、物流安全的重要性

物流过程包括运输、装卸、搬运、堆码、储存、包装和物流加工等主要工作环节。安全作业应贯穿和覆盖物流的全过程，哪个环节出现问题都会带来不同程度的财产损失或人员伤亡。应大力提倡并贯彻"预防为主、安全第一"的方针。

物流安全的重要性主要体现在以下几个方面。

（1）保证生产

物流安全能够保证商品所有者（生产、基建、运营、医疗、教学和科研等部门）生产活动不间断地进行，物流是生产的延伸和继续，又是生产的准备和先导。产品的销售依赖物流，原材料的输入也离不开物流，它们之间的关系可表示为"物流（原材料）→生产→物流（产品）"，就这样运行着、推动着"生产和扩大再生产"的进程，而物流同样进行着"物流和扩大再物流"的运行。例如，某纯碱生产厂所需的原材料食盐在物流过程中发生丢失或遭遇水浸泡，需要盐坊重新熬制，致使纯碱厂停工待料、生产中断。再如，某建筑单位运送一批玻璃，如果在物流过程中发生事故，玻璃全部破碎，就会造成该建筑工地停工待料，无法继续施工。因此，物流的安全性直接影响生产和建设。

（2）保证消费

人们的衣食住行都依靠物流，如果没有正常的物流运行，人们将无法正常生活。没有物流，商品无法得到消费；没有消费，生产也无法继续进行。生产、物流和消费三者构成社会经济运行的一个有机体，缺一不可，要继续生产和扩大再生产就要继续消费和扩大再消费，物流成了生产与消费的中介，保障了社会消费的需求。

（3）减少商品在物流过程中的损失

商品如果在运输、储存过程中有遭遇损失的风险，致使商品所有权受到侵害（如丢失）或商品的使用价值遭到破坏（如受外力损坏或遇火灾烧毁），这会给商品拥有者造成经济损失，侵害其经济利益。若进行有效的物流安全管理则可以减少商品在物流过程中的损失。

（4）保证物流作业人员的生命安全和健康

若物流作业存在安全隐患，会使工作人员的生命和健康受到威胁，如剧毒品保管不善或操作不当引起中毒，易爆物品引发爆炸，造成人员伤亡，故应进行物流安全管理。

（5）保证物流设备和设施的安全

物流作业中，操作不当不但会使商品损坏，还会破坏物流设备和设施，造成不必要的损失。

通过上述分析可以看出，物流安全对维护商品所有者的经济利益、物流企业自身的经济效益及从业人员的人身安全都有直接的影响。物流能起到保证生产、促进消费的作用，如果没有物流安全，物流的功能就无法充分发挥。所以物流安全是整个物流行业的生命线，是物流的护航员。贯彻"预防为主、安全第一"的方针是物流工作的首要任务。将安全工作贯彻物流的全过程，覆盖物流的各个领域、各个方面，是物流工作者的光荣使命，也是不可推卸的责任。

二、一般商品的物流安全管理

针对一般商品，物流安全主要涉及两个方面：商品运输安全和商品储存安全。商品运输安全由运输企业负责，商品储存安全由商品储存部门（仓库、货栈等）负责。物流安全管理要根据商品的不同特点（物理性能和化学性能）有针对性地采用不同的安全措施，实行安全防范和抢救工作。物流安全管理包括以下几个方面的内容。

（1）保卫工作

物流安全保卫工作指的是对人，包括物流企业内部的工作人员和外部的人员，故意或非故意性的破坏行为的防范，防止偷盗，防止明火抢劫，防止物流过程中的各种破坏行为等。

（2）作业安全管理

作业安全管理指在物流过程中，为防止在各项作业（如运输、装卸、搬运、堆垛等）中发生人身伤亡、商品丢失破损、设备设施破坏等事故所采取的各种防范措施。

（3）物流消防

火灾是威胁商品安全的重要因素，一旦发生火灾，往往损失惨重。物流消防就是预防火灾发生和对已发生的火灾进行及时扑救所采取的果断措施。从消防的角度来看，商品分为可燃商品、易燃商品和自燃商品等。一般来说，凡由有机物质构成的商品均为可燃商品，如纤维及其制品；易燃商品则为熔点（着火点）较低的商品，如硫黄和其矿产品及它的化合物都可称为易燃商品；而白磷、红磷及其化合物是自燃商品，在正常气温下，由于燃点较低，不用点火，它自己都会燃烧，如果和助燃剂（如氯酸钾、高锰酸钾等）同放一个仓库，更容易发生自燃。对待这类商品，必须建立库房，单独存放，杜绝混装运输。在物流过程中，助燃剂不能与可燃商品、易燃商品和自燃商品直接接触或靠近。

（4）账（或单据）物相符

在物流过程中，账物相符或单据实物相符是应遵守的重要原则，它不仅是一个业务操作问题，更是一个安全管理问题。一旦发现账物不符或单据与实物不符，必须查找原因，追究责任。及时发现并处理物流过程中商品损坏、丢失等现象，这对于保障物流安全至关重要。因此确保"账物相符"是安全管理的重要组成部分。

三、特殊商品的物流安全管理

1. 贵重商品的物流安全管理

贵重商品包括各种贵重金属及其制品、各种精密仪器仪表，如金、银、计算机、机械设备等。这些商品的共同特点是单位价值高。对这类商品，应有专门的存放场所和保管设备，如用保险箱（柜）、密封上双钥匙（即通称的母子锁）货架等存放，双人保管钥匙，也可用坚实的小库房单独存放。审批手续严格规范，保管员严格按审批后的提单照数发货。两个保管员相互核对、相互监督，发料时盘点库存，当场记录，送货时由两人以上同行押送，当场交接签收，避免商品丢失。

2. 剧毒商品的物流安全管理

剧毒商品的外包装有明显的剧毒品标志。剧毒商品必须单独存放，运输工具必须专车专用，工作人员作业时须戴防毒面具。进出库房、交接承运要严格检查，检查品名、型号、数量、包装等各项标志是否与单据相符，发现异常情况，应立即查找原因，妥善处理。发货时，保管人员要严格审核提单中的各项标志是否相符，标志是否被损坏，是否有批准手续，严格按规章制度办事，不能疏忽大意。

3. 爆炸商品的物流安全管理

爆炸商品一般指易燃易爆化学品和部分电池产品等。这些商品遇火就会燃烧、爆炸，因而要严格管理。数量较多时，要远离居民区、工厂、铁路、公路、通信线路、通电的高压线路及大量行人经过的地方，并要单独设库存放，昼夜值班看管。数量较少的，则可选择仓库的一角，设专人管理。爆炸商品的进库出库要严格检查，确保各项标志相符、数量准确。不管在何地存放爆炸商品，都要远离火源和电源导线。发货时，严禁外人进入库房。装卸、搬运、堆垛爆炸商品时，一定要轻拿轻放。运输时，车辆运行要平稳，严防碰撞、挤压和摩擦，以免引起爆炸，造成人员伤亡和设施设备损坏，以致国家财产遭受损失。

4. 易腐蚀商品的物流安全管理

易腐蚀商品包括硫酸、盐酸、硝酸、氢氟酸、醋酸、烧碱等。在包装和储存容器所用材料的选择上要格外谨慎。例如，硫酸的容器材料应选择碳钢，硝酸、醋酸的容器材料应选择铝板，盐酸的容器材料应选择陶瓷等。这些材料的选择与盛放物质的化学反应和"钝化"作用有关。这类商品具有强烈的腐蚀性和易挥发性能，它们中的绝大多数为液态，包装容器应密封良好。在储存、搬运、运输等作业过程中，严禁容器发生化工行业常说的"跑、冒、滴、漏"现象，只有这样，才能保证它们在物流过程中的安全。

四、物流安全管理中的法律责任

在物流过程中，商品损失现象时有发生。如何查清责任、减少损失，是需要认真研究探讨的现实问题。货主拥有商品的所有权，但在物流过程中，货主失去了对商品保护的职能，这时商品保护职能并未消失，只不过转移到了该商品的承运承储单位（即物流企业），此时商品拥有权和商品保护职能发生了权责分离的现象。在这个责权分离的时间里，保护商品所有者的利益不受侵害的责任就自然落在物流企业的肩上。从这个意义上讲，在物流过程中，商品安全保护的责任是物流企业不可推卸的。

在商品流通领域，责利是相等的，也是等价交换的一种形式。因此，物流企业在商品流动过程中收取合理的商品安全保险费是完全合理的。基于此，货物托运单收费栏目应有：①货物运输费；②货物途中装卸搬运费；③货物途中储存费；④货物安全保险费。货物托运单既是委托运输和收取上述费用的凭证，又是货主与承运单位之间的合同，如果发生索赔，它具有法律效力，是争议诉讼的主要依据。因此货物托运单上的商品各项标志要清楚，货物托运单由委托单位（含个人）和承运单位双方签收盖章方可生效。

承运人对运输过程中货物的毁损、灭失承担赔偿责任。但是，承运人证明货物的毁损、灭失是因不可抗力、货物本身的自然性质或合理损耗以及托运人或收货人的过错造成的，无须承担赔偿责任。

货物的毁损、灭失的赔偿金额，当事人有约定的，按照其约定；没有约定或者约定不明确的，依据《中华人民共和国民法典》的规定仍不能确定的，按照交付或者应当交付时货物到达地的市场价格计算。法律、行政法规对赔偿额的计算方法和赔偿限额另有规定的，依照其规定。

总之，物流安全管理是一项系统工程，涉及经济学、物理学、化学和法学等诸多领域，它是一门综合性学科，想要一次性研究就达到完善的目的，看来是不可能的，只有通过不断探索和实践，才能使其逐步趋于完善。

知识点 2：仓储作业安全制度和处理措施

为了加强企业的仓库安全管理工作，确保库存商品和人员安全，相关部门要负责企业仓库安全管理的日常工作。

设施、设备、货物的安全管理工作必须坚持"安全第一，预防为主"的方针，必须坚持设备与生产全过程的系统管理方式，必须坚持不断更新改造、提高安全技术水平的原则，及时有效地消除设备运行过程中的不安全因素，确保公司财产和人身安全。

一、仓库安全管理原则

1. "六要"

（1）商品堆放与墙要有一定的距离。

（2）要保持过道通畅。

（3）要保持货物干爽、堆放整齐，仓库内外整洁。

（4）要保证仓库内外及附近无火种和易燃品。

（5）物品和电源的距离不小于 1 米。

（6）要提高警惕，防止盗窃。

2. "六不准"

（1）不准带火种进仓库，严禁吸烟。

（2）不准点蜡烛。

（3）不准乱接电线。

（4）不准破坏消防器材。

（5）不准随便触碰消防报警按钮。

（6）不准在消防设施前堆放物品。

二、安全管理制度

1. 安全管理制度的主要内容

安全管理制度的主要内容包括：安全生产责任制及考核办法；安全生产信息报告制度；安全生产操作规程；安全生产教育和培训制度；设备、设施安全管理制度；作业现场安全管理制度；收寄验视、实名收寄、过机安检与安全检查等安全管理基本制度；网络和信息安全管理制度；生产安全检查与事故隐患排查治理制度；生产安全事故应急救援预案；生产安全事故报告及处置管理；其他保障安全生产的制度、操作规程。

2. 其他要求

及时将国家安全生产法律法规与标准规范转化为企业安全生产规章制度及操作规程，根据相关要求调整安全生产责任分工与考核标准。

三、仓库物资安全管理

①仓库应该设立专职安全管理员，安全管理员负责仓库物资安全的日常管理，并协助贯彻执行安全生产法律法规。

②仓库利用专用系统对管辖物资进行登记，设置标示卡、台账，做到账、物、卡一致。

③辅助材料、半成品、成品和工装器具等物资应按规定放置，并分类标识管理、按规格存放，有计划、有秩序地安排物资的进仓、出仓及存放地点。

④存放物品的仓库应保持整洁通风，防潮防湿，码放整齐。

⑤在仓库存取物品应该办理相关手续。

⑥分类物品应该标示清楚，分类分区存放，不合格物品应该存放在不良品区。

⑦对辅助材料、零部件、在制品和成品的管理应该严格按照公司的管理制度和程序执行。

⑧注意安全，离开仓库后必须关闭仓库门，不得磕、碰、摔、挤、压物资。

⑨严格坚持物资出库手续，坚持做到先进先出，减少物资积压时间。监督库存量，根据企业库存量标准，如有超标和不足现象，及时向仓库负责人反映。

⑩安全管理员应该定时检查物资库存量状况和消防设施情况，管理部门定期组织盘点和检查。

四、仓库设施设备管理

①保持库容库貌，不得带食品进入仓库，每天做好5S管理。

②仓库设施设备需要由专人管理，各种设备和仪器要正确使用、经常维护、定期检修、有计划地更新和改造。

③电气设备和线路应符合国家相关安全规定。

④生产用房、建筑物必须牢固、安全，通道平坦、顺畅，光线充足，有危险的场所必须有安全防护措施和明显可见的安全警示标志。

五、仓库消防安全管理

①仓库负责人作为主要消防责任人，全面负责仓库的消防安全管理工作。

②仓库管理部门应将仓库作为安全巡逻、例行安全检查的重点，及时发现、处置安全隐患，防止意外事故发生。

③仓库管理部门协助仓库定期做好消防演习工作，提高仓库员工的消防意识。

④易燃易爆物品与一般物品或化学性质、防护灭火方法相抵触的化学危险品不能共同存放。

⑤要严格控制易燃易爆、有毒有害化学用品的出库，需要领用的必须有合规的手续。

⑥仓库应张贴醒目的防火标识，做好目视化管理，禁止带入火种。

任务实施

阅读任务描述，回答以下问题：

1. 请根据任务描述，分析这几起事故发生的原因。

2. 请通过网络查询如何预防仓库火灾。

3. 请通过网络查询特殊商品的种类及其管理方法。

任务评价

完成上述任务后，教师组织三方进行评价，并对学生任务执行情况进行点评。学生完成表 1-1 的填写。

表 1-1　　　　　　　　　　考核评价表

班级		团队名称		学生姓名	
团队成员					

考评项目		分值	要求	学生自评（30%）	团队互评（30%）	教师评定（40%）
知识能力	掌握物流安全管理的内容	20分	分析完整			
	掌握预防火灾的方法	20分	掌握准确			
	掌握特殊商品的物流安全管理方法	30分	掌握准确			
职业素养	文明礼仪	10分	使用文明用语			
	团队协作	10分	相互协作			
	工作态度	10分	严谨认真			
成绩评定		100分				
心得体会						

牛刀小试

牛刀小试
参考答案

一、单项选择题

1. （　　）是指物流运作过程中发生的因人为失误或技术缺陷造成的货物损坏或失效、物流设施损坏、人员伤亡及物流信息失真等安全问题。

A. 物流安全问题　　B. 设施安全问题　　C. 设备安全问题　　D. 信息安全问题

2. 安全作业应贯穿和覆盖物流的全过程，哪个环节出现问题都会带来不同程度的财产损失或人员伤亡。应大力提倡并贯彻"（　　）"的方针。

A. 以人为本，安全第一　　　　　　　B. 安全是效益之本

C. 预防为主、安全第一　　　　　　　D. 安全是幸福的源泉

3. 人们的衣食住行都依靠物流，如果没有正常的物流运行，人们将无法正常生活，这说明物流安全管理能够（　　）。

A. 保证消费　　　　　　　　　　　　B. 保证生产

C. 减少商品在物流过程中的损失　　　D. 保证物流作业人员的生命安全和健康

4. （　　）指在物流过程中，为防止在各项作业（如运输、装卸、搬运、堆垛等）

中发生人身伤亡、商品丢失破损、设备设施破坏等事故所采取的各种防范措施。

    A. 作业安全管理   B. 物流消防

    C. 保卫工作   D. 账物相符

5. 物流安全能够保证商品所有者生产活动不间断地进行，物流是生产的延伸和继续，又是生产的准备和先导，产品的销售依赖物流，原材料的输入也离不开物流。这说明物流安全管理能够（   ）。

    A. 保证消费   B. 保证生产

    C. 减少商品在物流过程中的损失   D. 保证物流作业人员的生命安全和健康

6. 商品在物流过程中，可能发生商品所有权受到侵害（如丢失）或商品的使用价值遭到破坏（如受外力损坏或火灾烧毁），给商品拥有者造成经济损失，侵害其经济利益，故应进行物流安全管理。这说明物流安全管理能够（   ）。

    A. 保证消费   B. 保证生产

    C. 减少商品在物流过程中的损失   D. 保证物流作业人员的生命安全和健康

7. 物流作业可能存在安全隐患，使工作人员的生命和健康受到威胁，如剧毒品保管不善或操作不当引起中毒，易爆物品引起爆炸等。这说明物流安全管理能够（   ）。

    A. 保证消费   B. 保证生产

    C. 减少商品在物流过程中的损失   D. 保证物流作业人员的生命安全和健康

8. 物流作业中，操作不当不但会使商品损坏，还会破坏物流设备和设施，造成不必要的损失。这说明物流安全管理能够（   ）。

    A. 保证消费   B. 保证生产

    C. 保证物流设备和设施的安全   D. 保证物流作业人员的生命安全和健康

9. （   ）指对人，包括物流企业内部的工作人员和外部的人员，故意或非故意性的破坏行为的防范，防止偷盗，防止明火抢劫，防止物流过程中的各种破坏活动等。

    A. 作业安全   B. 物流消防

    C. 保卫工作   D. 账（或单据）物相符

10. 在物流过程中，（   ）是很重要的，它不仅是一个业务操作问题，更是一个安全管理问题。

    A. 作业安全   B. 物流消防

    C. 保卫工作   D. 账（或单据）物相符

二、多项选择题

1. 下列选项中，属于物流安全管理内容的有（   ）。

    A. 保卫工作   B. 作业安全管理

    C. 物流消防   D. 账（或单据）物相符

2. 物流安全主要涉及两个方面，包括：（   ）。

    A. 商品运输安全   B. 商品配送安全

C. 商品储存安全   D. 商品加工安全

3. 仓库安全管理原则包括（ ）。

A. 六不要   B. 六准   C. 六要   D. 六不准

4. 爆炸商品包括各种（ ）。

A. 易燃易爆化学品   B. 城市生活垃圾分类标识

C. 部分电池产品   D. 特定环境标识

5. 下列选项中，为特殊商品物流安全管理内容的是（ ）。

A. 贵重商品的物流安全管理   B. 剧毒商品的物流安全管理

C. 爆炸商品的物流安全管理   D. 易腐蚀商品的物流安全管理

6. 仓库利用专用系统对管辖物资进行登记，要做到（ ）一致。

A. 账   B. 表   C. 物   D. 卡

7. 爆炸商品运输时应注意的有（ ）。

A. 车辆运行要平稳 B. 严防碰撞 C. 严防挤压 D. 严防摩擦

8. 易腐蚀商品包括（ ）。

A. 硝酸   B. 烧碱   C. 醋酸   D. 乳酸

9. 容器材料应选择铝板的有（ ）。

A. 硝酸   B. 硫酸   C. 醋酸   D. 盐酸

三、判断题

1. 要保证仓库内外及附近无火种和易燃品。（ ）

2. 堆放物品与墙贴紧摆放。（ ）

3. 物品和电源的距离要大于等于 1 米。（ ）

四、简答题

A 公司为汽车零部件仓储企业。公司 3 号厂房主体为拱形顶钢结构，顶棚采用夹芯彩钢板，燃烧性能等级为 B2 级。2018 年年初，公司决定全面更换 3 号厂房顶棚的夹芯彩钢板，将其燃烧性能等级提高到 B1 级。2018 年 5 月 15 日，A 公司委托具有相应资质的 B 企业承接 3 号厂房顶棚夹芯彩钢板更换工程，要求在 30 个工作日内完成。

施工前双方签订了安全管理协议，明确了各自的安全管理职责。2018 年 5 月 18 日 8 时，B 企业作业人员进入现场施工，搭建了移动式脚手架，脚手架作业面距地面 8m。施工作业过程中，B 企业临时雇用 5 名作业人员参与现场作业。

当天 15 时 30 分，移动式脚手架踏板与脚手架之间的挂钩突然脱开，导致踏板脱落，随即脚手架倒塌，造成脚手架上 3 名作业人员坠落地面，地面 10 名作业人员被脱落的踏板、倒塌的脚手架砸伤。

事故导致 10 人重伤、3 人轻伤。事故经济损失包括：作业人员医疗费用及工伤工资共 390 万元，现场抢救及清理费用 30 万元，财产损失费用 50 万元，停产损失 1210 万元，事故罚款 70 万元。

事故调查发现，移动式脚手架踏板与脚手架之间的挂钩未可靠连接；脚手架上的作业人员虽佩戴了劳动防护用品，但未正确使用；未对临时雇用的 5 名作业人员进行安全培训和安全技术交底；作业过程中，移动式脚手架滑轮未锁定；现场安全管理人员未及时发现隐患。

请根据以上资料，回答下列问题：

（1）此次事故的主要原因是什么？

（2）设施设备管理制度的重要性有哪些？

任务二　安全责任体系与岗位职责

 ## 任务描述

一、一场降雨引发百万损失

某工贸公司（原告）承租岳某（被告）的厂房作为仓库，2016 年 6 月双方签订了房屋租赁合同，然而才租了 2 个月，不幸的事情就发生了。2016 年 8 月的一天，一场降雨导致房屋的一侧墙体倒塌，砸坏了仓库里的货物，同时雨水流入仓库，导致货物被淹无法使用。事发后，原告公司负责人电话联系被告岳某清点受损货物，但岳某不予配合，明确表示由原告自行进行清点即可，未共同清点受损物品。经原告计算，此次墙体倒塌造成其货物损失达 100 余万元。

二、协商赔偿未果诉至法院

原告盘点完损失后，为尽快了结此事、减少损失，多次联系被告岳某协商赔偿事宜，并提出了抵三年房租作为赔偿的方案，均遭到了岳某的拒绝。无奈之下，原告某工贸公司为维护自身的合法权益，将岳某诉至法院。庭审过程中，双方就损失到底由谁承担，产生了激烈的争执，被告辩称仓库交付给原告时可以正常使用，不存在质量问题，事故发生系因原告没有安排人在仓库值班看护，也没有做好防洪措施，应由原告自行承担相关损失，但并未提交相关证据予以证明。

三、依法鉴定明确损失金额

在案件审理的过程中，双方还有一个争议的焦点，就是货物损失的金额。被告对原告自行制作的货物损失清单不予认可，原告申请进行鉴定，法院依法委托某评估机构进行了评估，评估机构经过现场勘验及市场询价，出具意见认为损失金额为 70 余万元。被告对评估结论亦不认可，提出以下异议：事故发生一年后才进行现场勘验，无法反映真实情况；原告存放不当，造成了扩大损失；评估中，物品单价过高；等等，但未提交证据予以反驳。综合本案案情，因被告不配合致鉴定时机拖延，原告已尽基本义务保管受损物品，法院对评估报告予以采纳，判处被告赔偿原告的经济损失。

要求：请以项目组为单位，认真阅读案例，分别从损失原因、提起公诉、依法鉴定几个方面进行分析，完成"任务实施"中提出的问题。

 知识链接

知识点 1：安全生产责任体系

一、概述

企业应完善安全生产责任制度，落实各级领导、部门及各岗位员工在管理和生产过程中的安全职责，是安全生产工作制度化、规范化、科学化的重要手段，是做好安全生产的基础。企业应推行安全目标管理，形成一个有明确的任务、职责和权限，能互相协调、促进和制约的安全管理的有机整体。

二、安全生产责任体系设置的目的

安全生产责任体系是企业最基本的一项安全生产制度，是各种职业健康和安全制度的核心，它明确规定了企业各类人员对安全生产应负的责任、权利和义务。认真贯彻、落实安全生产责任制度是做好安全生产的重要环节，是各层次、各类人员在安全生产中分工协作、各负其责的具体体现，也是"分级管理、分线负责"的安全生产责任体系形成和正常运行的关键。

三、安全生产责任体系设置的前提

梳理企业所涉及的各类安全管理事项并齐全地罗列出来，是准确、全面地界定部门职责和岗位职责的重要前提。

四、安全生产责任体系的作用

安全生产责任体系的建立能够为建立健全企业安全生产责任制度提供载体和平台，而每项安全生产管理制度内容的完善则为补充、细化企业安全生产责任制度发挥了关键作用。

五、安全生产责任体系不健全的表现

1. 部门职责界定不清晰

部门职责是企业安全生产责任制度的重要组成部分。由于部分企业在界定各部门职责时，未认真梳理本单位所涉及的各种安全管理事项，而且未严格遵循本单位组织

结构的设置目的以及责权利相匹配、管业务必须管安全、管生产必须管安全、谁主管谁负责、谁主办谁负责等原则。这导致部门职责业务覆盖面不全，且各部门间的职责衔接不紧密，文意含混不清，甚至产生歧义，致使有关部门不清楚自己的权限和责任边界究竟在哪里，因而不能积极主动履行相关职责，工作中存在推诿现象，工作效率较低。

2. 岗位职责界定不清晰

通俗地讲，岗位职责就是将已界定的各部门职责，合理分解到相关岗位，即明确企业各项安全生产主体责任的责任主体，并以正式文件的形式固定下来。从逻辑上讲，部门职责是界定其所辖岗位职责的前提和依据，部门职责界定不清晰，必然影响相关岗位职责的准确界定。所以，部门职责界定存在的问题，在岗位职责界定中同样存在。

3. 安全生产管理制度体系不健全

就企业而言，安全生产管理制度体系的构成应与其组织管理机构层级相对应。如有厂、部门和班组三级组织机构的企业，其安全生产管理制度体系也应该由对应的三级制度组成。虽然大多数企业的厂级安全生产管理制度体系已趋完善，但仍存在个别安全管理事项无相应管理制度的现象，而部门级和班组级的安全生产管理制度更是欠缺，有关部门、班组未根据上级相关的安全生产管理制度编制相应的实施细则，导致企业的安全生产管理制度体系不健全。

4. 安全生产管理制度内容不完善

从责任制角度来说，企业每项安全生产管理制度都是明确相关部门和岗位在某一安全管理事项中的具体工作内容的规范性文件，它能够在专门制度所界定的部门职责和岗位职责的基础上，进一步细化、补充相关部门及其所辖岗位在该事项中的具体职责。但不少企业忽视了安全生产管理制度的这一功能，致使大部分厂级制度中所涉及部门和岗位的职责不详细、不具体，只涉及相关部门，很少涉及相关岗位，基本不涉及班组人员，而部门和班组即使有相应的制度，也同样未对相关班组及其所涉岗位人员明确具体职责，导致制度的贯彻执行失去了部分责任主体，这也是安全生产责任制度不完善的表现，必然影响企业安全生产主体责任的落实。

知识点 2：岗位职责

一、准确界定部门职责

首先，成立专门的组织机构，认真组织梳理本企业所涉及的各种安全管理事项，列出详细清单，避免遗漏。否则，所界定的部门职责将是不全面的。然后，根据本单位组织机构的设置目的和前面提到的各项原则，准确界定各部门在各种安全管理事项中的角色，即某个部门在哪些事项中是责任主体，在哪些事项中是主管部门，在哪些事项中是协作部门等。最后，为方便与上级单位相关部门进行业务对接，在界定各部门职责时还应参照上级单位的部门职责划分，尽量与其保持一致。

为防止用常规方法所界定的各部门职责存在交叉、缺失、不当或各部门间的职责衔接不严密，也为了便于对照、比较和甄别，可借助数据库软件或 Excel 表格进行具体操作，具体步骤如下。

步骤 1：拟订表格名称，如部门职责，将此表称为表 1。

步骤 2：设计表格，本单位部门数量为 n，则表格列数为 $n+1$，安全管理事项数量为 m，则表格行数为 $m+1$。

步骤 3：从第 1 行左起第 2 个单元格开始，依次输入各部门名称。

步骤 4：从第 1 列上起第 2 个单元格开始，依次输入已梳理出的各种安全管理事项名称。

步骤 5：在某安全管理事项与某部门相交的单元格中分别输入已初步界定的部门在该事项中的职责，无相应职责时，单元格空缺。

步骤 6：将同一行中各单元格中的内容逐一对照、比较，以甄别不同部门在同一安全管理事项中的职责是否存在交叉、缺失、不当或各部门间的职责衔接不严密等现象，发现问题及时进行斟酌、修正、完善。

步骤 7：分别以部门为单位将其所在列的内容导出到指定文档中，稍加编辑，即得到各部门职责。

步骤 8：为使各部门职责更加全面和严谨，在文末添加一条通用条款，即严格执行各项管理制度中明确的本部门职责。

二、准确界定岗位职责

岗位职责是企业把安全责任落实到岗位、落实到人头的责任制，可以说它是企业有效落实安全生产主体责任的重要保障，是企业安全生产责任制度的核心内容，是企业最重要的安全生产管理制度。

从逻辑上讲，准确界定各部门职责只是企业完善安全生产责任制度的第一步，接下来，还应当根据岗位的设置目的和各项原则，将已界定的各部门职责全部分解到其所辖的每个岗位和人员头上，为各岗位人员积极主动开展工作，落实有关安全生产责任提供制度依据和明确指导。此处所界定的岗位职责要力求业务覆盖面齐全、准确且简洁明了。

与界定部门职责一样，岗位职责的界定也可以借助表格工具进行。为提高工作效率，可以在表 1 的基础上进行修改、细化，具体步骤如下。

步骤 1：拟订表格名称，如生技部岗位职责，将此表称为表 2。

步骤 2：将表 1 编制好的内容进行复制、粘贴，暂成为生技部岗位职责的内容。

步骤 3：将表 2 中与生技部无关的安全管理事项所在行删除。

步骤 4：将表 2 中各部门名称改为生技部各岗位名称，并根据其所辖岗位数量增、减列数。

步骤 5：将已界定的生技部职责分解到各相关岗位，并填入对应的单元格内。与岗位无关的安全管理事项所在行的单元格空缺（以电气主管岗位为例，其与薪酬相交的单元格内容为空，表示无关）。

步骤 6：将同一行中各单元格中的内容逐一对照、比较，以甄别不同岗位在同一安全管理事项中的职责是否存在交叉、缺失、不当或各岗位间的职责衔接不严密等现象，若有则进行斟酌、修正、完善。

步骤 7：分别将各岗位所在列的内容导出到指定文档中，稍加编辑即可得到各岗位职责。

步骤 8：为使各岗位职责更加全面和严谨，文末添加一条通用条款，即严格履行各项管理制度中明确的本岗位职责。

初步界定完成的部门职责和岗位职责，应广泛征求意见和建议，经反复修改、完善后，按照规定程序审批，并以专门的制度形式发布实施。

三、职责界定的作用

①专门制度界定的部门职责和岗位职责为健全安全生产责任制度奠定了基础，发挥了原则性的指导作用，而在其他各项安全生产管理制度中，被进一步细化的部门职责和岗位职责则更加具体，更具针对性和指导性，决定了企业安全生产责任制度的完善程度。

②岗位职责是对部门职责的分解和细化，使企业安全生产主体责任有了明确而具体的责任主体，而且便于被有效落实。

四、建立健全安全生产管理制度体系

受业务复杂性和相关人员知识局限性等主客观因素的影响，任何单位都不可能在一项专门制度中一次性地把每个部门和岗位的各项安全生产职责全部详细、具体地罗列出来，只能在确保业务覆盖面齐全、各部门及各岗位间职责相互衔接的前提下进行原则性和指导性的描述。而其他各项安全生产管理制度的逐项建立和完善则为逐步健全和细化每个部门及其所辖岗位在各项安全管理事项中的安全生产职责提供了平台和机会。所以，健全安全生产管理制度体系对健全安全生产责任制度十分重要，而想要建立健全企业安全生产管理制度体系，就必须分别建立健全厂级、部门级和班组级的各项安全生产管理制度。

首先是厂级的，在认真梳理、细分本单位所涉及的各种安全管理事项的基础上，根据管理需要分别建立相应的安全生产管理制度。

其次是部门级的，各部门对照厂级相关制度编制本部门的实施细则。

最后是班组级的，有关班组根据所属部门相关制度编制本班组的实施细则。通过以上方法，企业最终将能够构建起一系列健全、系统的安全生产管理制度体系。

五、完善安全生产管理制度的内容

需要指出的是，健全安全生产管理制度体系仅为进一步补充、完善、细化部门职责和岗位职责提供了载体，而是否能够发挥作用，还要看各项制度的内容是否完善、详细和具体。这里着重讨论如何完善制度中与部门职责和岗位职责相关的内容。

企业安全生产管理制度的核心内容包括：组织与职责、管理内容与方法、监督与检查。每项制度中都应明确有关部门的目标、职责、工作方法等。对于同时涉及多个部门的管理制度，应规定出主管部门、协作部门及其接口和相互关系，同时应明确该制度贯彻、实施、检查、考核的部门及方法，详细规定管理活动所涉及的内容和应达到的要求，以及采取的措施和方法等。要使制度具有良好的可执行性，还必须将各部门的职责进一步细化、分解到有关班组、岗位及人员，明确每项制度所涉及的安全管理事项由谁干、干什么、何时干、何地干、怎么干等。如果厂级制度已达到以上要求，那么，部门和班组就不必再编制相应的实施细则，不然，有关部门就要在厂级制度的基础上进一步明确各相关岗位、班组或班组成员的具体职责。同理，如果部门级制度已经明确了各相关班组及其成员的具体职责，那么，班组也不必再编制相应的实施细则，否则，有关班组就要在所属部门制度的基础上进一步明确各相关岗位人员的具体职责。

不管哪一级制度，在明确相关岗位职责时，都必须与专门制度所界定的部门职责保持一致，避免相互冲突或矛盾。

🎯 任务实施

阅读任务描述，回答以下问题：

1. 请根据任务描述，分析这起事件发生的原因。

_____

_____

_____

_____

2. 请根据任务描述，分析判罚是否合理。

_____

_____

_____

_____

3. 请根据任务描述，分析岗位职责体系应如何明确。

_____

_____

_____

_____

任务评价

完成上述任务后，教师组织三方进行评价，并对学生任务执行情况进行点评。学生完成表1-2的填写。

表1-2 考核评价表

班级		团队名称		学生姓名	
团队成员					

考评项目		分值	要求	学生自评（30%）	团队互评（30%）	教师评定（40%）
知识能力	掌握安全生产责任体系不健全的表现	20分	掌握准确			
	掌握部门职责的界定	20分	掌握准确			
	能够明确岗位职责	30分	分析正确			
职业素养	文明礼仪	10分	使用文明用语			
	团队协作	10分	相互协作			
	工作态度	10分	严谨认真			
成绩评定		100分				
心得体会						

 **牛刀小试**

**牛刀小试
参考答案**

一、单项选择题

1. 完善安全生产责任制度要落实各级领导、部门及各岗位员工在管理和生产过程中的安全职责，是做好（　　）的基础。

A. 安全生产　　　B. 生产管理　　　C. 计划生产　　　D. 生产落实

2. 梳理企业所涉及的（　　）并齐全地罗列出来，是准确、全面地界定部门职责和岗位职责的重要前提。

A. 各类财务管理事项　　　　　　B. 各类企划管理事项

C. 各类安全管理事项　　　　　　D. 各类办公管理事项

3. （　　）的建立能够为建立健全企业安全生产责任制度提供载体和平台，而每项安全生产管理制度内容的完善则为补充、细化企业安全生产责任制度发挥了关键作用。

    A. 安全生产责任体系   B. 环境管理体系

    C. 质量管理体系   D. 信息安全管理体系

4.（　　）是对部门职责的分解和细化，使企业安全生产主体责任有了明确而具体的责任主体，而且便于被有效落实。

    A. 岗位职责   B. 领导职责   C. 市场职责   D. 公司职责

5.（　　）导致部门职责业务覆盖面不全，且各部门间的职责衔接不紧密，文意含混不清，甚至产生歧义，致使有关部门不清楚自己的权限和责任边界究竟在哪里，因而不能积极主动履行相关职责，工作中存在推诿现象，工作效率较低。

    A. 岗位职责界定不清晰   B. 部门职责界定不清晰

    C. 安全生产责任体系不健全   D. 安全生产管理制度体系不健全

6. 个别安全管理事项无相应管理制度，而部门级和班组级的安全生产管理制度更是欠缺，有关部门、班组未根据上级相关的安全生产管理制度编制相应的实施细则，导致企业（　　）。

    A. 岗位职责界定不清晰   B. 部门职责界定不清晰

    C. 安全生产管理制度体系不健全   D. 行政制度不完善

7. 从逻辑上讲，部门职责是界定其所辖岗位职责的前提和依据，（　　）必然影响相关岗位职责的准确界定。

    A. 岗位职责界定不清晰   B. 部门职责界定不清晰

    C. 安全生产管理制度体系不健全   D. 行政制度不完善

8. 如有厂、部门和班组三级组织机构的企业，其安全生产管理制度体系也应该由对应的（　　）组成。

    A. 一级制度   B. 二级制度   C. 三级制度   D. 四级制度

9. 企业最重要的安全生产管理制度是（　　）。

    A. 市场职责   B. 领导职责   C. 岗位职责   D. 公司职责

10.（　　）导致制度的贯彻执行失去了部分责任主体，这也是安全生产责任制度不完善的表现，必然影响企业安全生产主体责任的落实。

    A. 岗位职责界定不清晰   B. 部门职责界定不清晰

    C. 财务制度不完善   D. 安全生产管理制度体系不健全

二、多项选择题

1. 安全生产责任体系不健全的表现有（　　）。

    A. 部门职责界定不清晰   B. 岗位职责界定不清晰

    C. 安全生产管理制度体系不健全   D. 安全生产管理制度内容不完善

2. 认真贯彻、落实安全生产责任制度是做好安全生产的重要环节，是各层次、各类人员在安全生产中（　　）的具体体现。

A. 分工协作　　　　B. 各行其是　　　　C. 各负其责　　　　D. 越俎代庖

3. 认真贯彻、落实安全生产责任制度是做好安全生产的重要环节，是"（　　）"的安全生产责任体系形成和正常运行的关键。

A. 整合管理　　　　B. 合并负责　　　　C. 分级管理　　　　D. 分线负责

4. 健全安全生产管理制度体系仅为进一步补充、细化部门职责和岗位职责提供了载体，而是否能够发挥作用，还要看各项制度的内容是否（　　）。

A. 完善　　　　　　B. 详细　　　　　　C. 具体　　　　　　D. 完美

5. 推行安全目标管理，形成一个有（　　）的安全管理的有机整体。

A. 明确的任务　　　　　　　　　　B. 明确的职责和权限

C. 能互相协调　　　　　　　　　　D. 能互相促进和制约

6. 完善安全生产责任制度，落实各级领导、部门及各岗位员工在管理和生产过程中的安全职责，是安全生产工作（　　）的重要手段。

A. 制度化　　　　　B. 标准化　　　　　C. 规范化　　　　　D. 科学化

7. 专门制度界定的（　　）为健全安全生产责任制度奠定了基础，发挥了原则性的指导作用。

A. 市场职责　　　　B. 领导职责　　　　C. 岗位职责　　　　D. 部门职责

8. 安全生产责任体系是公司一项最基本的安全生产制度，是各种职业健康和安全制度的核心，它明确规定了公司各类人员对安全生产应负的（　　）。

A. 责任　　　　　　B. 负担　　　　　　C. 权利　　　　　　D. 义务

9. 企业安全生产管理制度的核心内容包括（　　）。

A. 组织与职责　　　B. 管理内容与方法　C. 监督与检查　　　D. 管理与理论

10. 岗位职责是对部门职责的（　　），使企业安全生产主体责任有了明确而具体的责任主体，而且便于被有效落实。

A. 分解　　　　　　B. 组合　　　　　　C. 细化　　　　　　D. 粗略

三、判断题

1. 从责任制角度来说，企业每项安全生产管理制度都是明确相关部门和岗位在某一安全管理事项中的具体工作的规范性文件，它能够在专门制度所界定的部门职责和岗位职责的基础上，进一步细化、补充相关部门及其所辖岗位在该事项中的具体职责。（　　）

2. 岗位职责就是将已界定的各部门职责，按照各项原则，合理分解到相关小组，即明确企业各项安全生产主体责任的责任主体。（　　）

3. 岗位职责是企业安全生产责任制的重要组成部分。（　　）

四、简答题

2018 年，某仓储公司发生了一起火灾事故，造成了巨大的财产损失和人员伤亡。据初步调查，该火灾是由仓库内堆放的易燃物品没有得到妥善保管引起的。由于仓库没有进行定期对消防设备进行检修，也没有对员工进行消防培训，火灾发生后的灭火工作没有得到有效响应，导致火势无法有效地控制。

（1）此次火灾未能及时扑灭的原因有哪些？

（2）此次事故的责任应由哪个岗位承担？该岗位的职责是什么？

任务三　安全标志及其使用

 任务描述

1. 禁止标志（见表1-3）

表1-3　　　　　　　　　　禁止标志

图形标志	名称	标志种类	设置范围和地点
禁止吸烟标志	禁止吸烟 No smoking	H	有甲、乙、丙类火灾危险物质的场所和禁止吸烟的公共场所等，如木工车间、油漆车间、沥青车间、纺织厂、印染厂等
禁止烟火标志	禁止烟火 No burning	H	有甲、乙、丙类火灾危险物质的场所，如面粉厂、煤粉厂、焦化厂、施工工地等

2. 指令标志（见表1-4）

表1-4　　　　　　　　　　指令标志

图形标志	名称	标志种类	设置范围和地点
必须戴防护眼镜标志	必须戴防护眼镜 Must wear protective goggles	H，J	对眼睛有伤害的各种作业场所和施工场所

图形标志	名称	标志种类	设置范围和地点
	必须佩戴遮光护目镜 Must wear opaque eye protection	J，H	存在紫外、红外、激光等光辐射的场所，如电气焊等

3. 警告标志（见表1-5）

表1-5 警告标志

图形标志	名称	标志种类	设置范围和地点
	注意安全 Warning danger	H，J	易造成人员伤害的场所及设备等
	当心火灾 Warning fire	H，J	易发生火灾的危险场所，如：可燃性物质的生产、储运、使用等地点

4. 提示标志（见表1-6）

表1-6 提示标志

图形标志	名称	标志种类	设置范围和地点
	紧急出口 Emergent exit	J	便于安全疏散的紧急出口处，与方向箭头结合设在通向紧急出口的通道、楼梯口等处

要求：请以项目组为单位，认真识读以上标志，分别总结禁止标志、警告标志、指令标志、提示标志的特征，完成"任务实施"中提出的问题。

 知识链接

知识点 1：安全标志

安全标志是用以表达特点安全信息的标志，由图形符号、安全色、几何形状（边框）或文字构成。安全标志的目的是引起人们对不安全因素的注意，预防发生事故。

安全标志分为禁止标志（Prohibition sign）、警告标志（Warning sign）、指令标志（Direction sign）和提示标志（Information sign）四大类。

①禁止标志是禁止人们不安全行为的图形标志。其基本形式是带斜杠的圆边框，圆边框和斜杠为红色，图形符号为黑色，底色为白色。

②警告标志是提醒人们对周围环境引起注意，以避免可能发生危险的图形标志。其基本形式是正三角形边框，三角形边框及图形符号为黑色，底色为黄色。

③指令标志是强制人们必须做出某种动作或采用防范措施的图形标志。其基本形式是圆形边框，图形符号为白色，底色为蓝色。

④提示标志是向人们提供某种信息（如标明安全设施或场所等）的图形标志。其基本形式是正方形边框，图形符号为白色，底色为绿色。但消防的提示标志其底色为红色。

一、常用标准

OSHA 标准，即职业安全与健康标准。1970 年 12 月 29 日，美国《职业安全与健康法案》（Occupational Safety and Health Act）经时任美国总统尼克松签署后颁布实施。该法案旨在通过发布和推行工作场所的安全和健康标准，阻止和减少因工作造成的生病、受伤和死亡。对"为雇员提供一个安全卫生的工作环境"负有一定责任（主要是引导责任和监督责任）。

中华人民共和国国家标准，简称国家标准，分为推荐性国家标准和强制性国家标准。编号由国家标准的代号、国家标准发布的顺序号和国家标准发布的年号（1995 年前采用发布年份的后两位数字，1995 年起均采用 4 位完整年份）构成。国家标准是指由国家标准化主管机构批准发布，对全国经济、技术发展有重大意义，且在全国范围内统一的标准。

安全标志相关标准：

GB 13495.1—2015《消防安全标志　第 1 部分：标志》

GB 190—2009《危险货物包装标志》

GB 2894—2008《安全标志及其使用导则》

GB 16557—2023《船用救生设备安全标志》

GB/T 23809.1—2020《应急导向系统 设置原则与要求 第 1 部分：建筑物内》

GB/T 23809.2—2020《应急导向系统 设置原则与要求 第 2 部分：建筑物外》

GB/T 23809.3—2020《应急导向系统 设置原则与要求 第 3 部分：人员掩蔽工程》

GB/T 25894—2010《疏散平面图　设计原则与要求》

GB/T 26443—2010《安全色和安全标志　安全标志的分类、性能和耐久性》

CB/T 31523.2—2015《安全信息识别系统　第 2 部分：设置原则与要求》

二、分类

根据不同的分类依据，安全标志还可分为以下几类。

1. 说明标志（Explanatory sign）

说明标志是向人们提供特定提示信息（标明安全分类或防护措施等）的标记，由几何图形边框和文字构成。

2. 环境信息标志（Environmental information sign）

环境信息标志所提供的信息涉及较大区域的图形标志，标志种类代号为 H。

3. 局部信息标志（Partial information sign）

局部信息标志所提供的信息只涉及某地点，甚至某个设备或部件的图形标志。标志种类代号为 J。

三、安装位置

安全标志牌的受众是可能暴露于现场的人，因此，标志牌的安装位置尤其重要，如果装在不能被有效识别或者识别困难的位置，安全标志牌就失去了警示的意义。

常见的错误安装位置有以下几种。

1. 安全标志牌安装在设备间或建筑物入口的门页上。

这种情况下，安全标志牌的角度随门页状态而变化，当门页处于打开状态时，安全标志牌朝向门口的侧面，从入口方向看过来，安全标志牌正好处于垂直状态，不能被看到。

2. 安全标志牌安装高度过高或过低。

人的习惯是平视最舒服，因此，安全标志牌应该安装在人的视线水平面上，过高会造成仰视，过低会造成俯视，两种情况都不具备很好的用户体验，同时也是不符合标准的。值得注意的是，当安全标志牌排列成两排或三排时，安装高度与单排情况下不尽相同，需要现场施工人员具备丰富的经验。

3. 安全标志牌的安装顺序不当。

安全标志牌应该按照警告、禁止、指令、提示类型的顺序，先左后右、先上后下地排列安装，这样才能具备较好的识别性。

四、常用材料

1. ABS 板

ABS 板耐磨性高，无毒环保，经济实惠，较平直，可完美代替 PVC 板，适应温度为－40～80℃，经久耐用，室外环境使用寿命为5～7年。

2. PP板（聚丙烯板材）

PP板表层耐磨损，无毒环保，耐候性、韧性好，具有一定的防腐、耐酸碱性能，适应温度为－40～80℃，经久耐用，室外环境使用寿命为5～7年。

3. 自粘性乙烯

自粘性乙烯是通用型安全标志材料，带强黏性背胶，有较高的柔韧性。

4. 透明乙烯

极高的透明性和粘贴性，耐褪色，耐常见化学品，可用于任何粗糙干燥表面，无毒环保，使用快速简便，适应温度为－40～80℃，使用寿命为3～5年。

5. 亚克力（有机玻璃）

亚克力是一种室内豪华标志材料，硬度高，透明度好，有优良的耐久性，不变形，质感好，美观，适应温度为－40～80℃，使用寿命为5～7年。

6. 铝板

铝板是室外超耐久标志材料；硬度高，有极强的耐候性，可耐强腐蚀，可用于高温、盐雾等特别恶劣的环境；适应温度为－40～400℃；经久耐用；使用寿命为5～10年。

7. 自发光屏

自发光屏可在日照和完全黑暗环境中识别，适应温度为－40～80℃，使用寿命为3～5年。

知识点2：安全色标

安全色标是指在操作人员容易产生错误而造成事故的场所，为预防事故、保障安全，提醒操作人员注意所采用的一种特殊标示。安全色标用来表达禁止、警告、指令和提示等安全信息。我国的《图形符号　安全色和安全标志　第5部分：安全标志使用原则与要求》（GB/T 2893.5—2020）等标准，对全国使用的安全色标进行了统一。作业人员上岗前，应熟练掌握和识别安全色标，以减少和杜绝意外事故。

以下是不同颜色的安全色标的含义。

①红色的含义是禁止和紧急停止，也表示防火。

②蓝色的含义是必须遵守。

③黄色的含义是警告和注意。

④绿色的含义是提示安全状态和通行。

为了使安全色标更加醒目，使用对比色作为其反衬色。黑白互为对比色，把红、蓝、绿3种颜色的对比色定为白色，黄色的对比色定为黑色。在运用对比色时，黑色用于安全标志的文字、图形符号和警告标志的几何图形，白色可用于安全标志的文字和图形符号。

任务实施

阅读任务描述，回答以下问题：

1. 请根据任务描述，分析禁止标志的特征。

_____

_____

_____

_____

2. 请根据任务描述，分析警告标志的特征。

_____

_____

_____

_____

3. 请根据任务描述，分析指令标志的特征。

_____

_____

_____

_____

4. 请根据任务描述，分析提示标志的特征。

_____

_____

_____

_____

任务评价

完成上述任务后，教师组织三方进行评价，并对学生任务执行情况进行点评。学生完成表 1－7 的填写。

表 1-7 　　　　　　　　考核评价表

班级			团队名称			学生姓名	
团队成员							
考评项目			分值	要求	学生自评（30%）	团队互评（30%）	教师评定（40%）
知识能力	掌握禁止标志的特征		20分	掌握准确			
	掌握警告标志的特征		20分	掌握准确			
	掌握指令标志的特征		20分	掌握准确			
	掌握提示标志的特征		10分	掌握准确			
职业素养	文明礼仪		10分	使用文明用语			
	团队协作		10分	相互协作			
	工作态度		10分	严谨认真			
成绩评定			100分				
心得体会							

牛刀小试

牛刀小试
参考答案

一、单项选择题

1. 以下属于职业安全与健康标准的是（　　　）。

A. OSHA 标准　　　B. ASTM 标准　　　C. GB 标准　　　D. GOST 标准

2. （　　　）的编号由其代号、发布的顺序号和发布的年号构成。

A. OSHA 标准　　　B. ASTM 标准　　　C. 国家标准　　　D. GOST 标准

3. （　　　）的特性是耐磨性高，无毒环保，经济实惠，较平直，可完美代替 PVC 板。

A. ABS 板　　　　　　　　　　　　B. PP 板（聚丙烯板材）

C. 自粘性乙烯　　　　　　　　　　D. 透明乙烯

4. 根据安全色标的相关规定，（　　　）的含义是禁止和紧急停止，也表示防火。

A. 红色标志　　　B. 蓝色标志　　　　C. 黄色标志　　　D. 绿色标志

5. 根据安全色标的相关规定，（　　　）的含义是必须遵守。

A. 红色标志　　　B. 蓝色标志　　　　C. 黄色标志　　　D. 绿色标志

6. 根据安全色标的相关规定，（　　　）的含义是警告和注意。

A. 红色标志　　　B. 蓝色标志　　　　C. 黄色标志　　　D. 绿色标志

7. 根据安全色标的相关规定，（　　）的含义是提示安全状态和通行。

A. 红色标志　　　　B. 蓝色标志　　　　C. 黄色标志　　　　D. 绿色标志

8. 在运用对比色时，（　　）用于安全标志的文字。

A. 红色标志　　　　B. 灰色标志　　　　C. 黑色标志　　　　D. 绿色标志

9. 在运用对比色时，黑色用于（　　）的几何图形。

A. 指令标志和安全色　　　　　　　　B. 警告标志和安全色

C. 图形符号和警告标志　　　　　　　D. 图形符号和安全色

10. 在运用对比色时，（　　）可用于安全标志的文字和图形符号。

A. 红色　　　　　　B. 灰色　　　　　　C. 蓝色　　　　　　D. 白色

11. 禁止标志其基本形式是带斜杠的圆边框，圆边框和斜杠为（　　），图形符号为（　　），底色为（　　）。

A. 绿色；红色；白色　　　　　　　　B. 红色；黑色；白色

C. 黑色；红色；蓝色　　　　　　　　D. 白色；红色；蓝色

二、多项选择题

1. 安全标志是指使用（　　）等方式来表明存在信息或指示安全健康。

A. 招牌　　　　　　B. 颜色　　　　　　C. 照明标志　　　　D. 声信号

2. 下列属于安全标志的常用标准的有（　　）。

A. OSHA 标准　　　B. ASTM 标准　　　C. 国家标准　　　　D. GOST 标准

3. 安全标志可分为（　　）。

A. 禁止标志　　　　　　　　　　　　B. 警告标志

C. 指令标志　　　　　　　　　　　　D. 提示标志

4. 安全标志按内容可分为（　　）等。

A. 环保可回收标志　　　　　　　　　B. 城市生活垃圾分类标志

C. 消防设施标志　　　　　　　　　　D. 特定环境标志

5. 安全标志的常用材料包括（　　）。

A. ABS 板　　　　　　　　　　　　　B. PP 板（聚丙烯板材）

C. 自粘性乙烯　　　　　　　　　　　D. 亚克力（有机玻璃）

6. 安全色标是指在操作人员容易产生错误而造成事故的场所，为（　　）所采用的一种特殊标示。

A. 预防事故　　　　　　　　　　　　B. 预防检查

C. 保障安全　　　　　　　　　　　　D. 提醒操作人员注意

7. 安全色标是用来表达（　　）等安全信息。

A. 禁止　　　　　　B. 警告　　　　　　C. 指令　　　　　　D. 提示

8. 绿色安全色标的含义是（　　）。

A. 安全状态　　　　B. 通行　　　　　　C. 通过　　　　　　D. 注意

9. （　　）的对比色为白色。

A. 红色　　　　　B. 蓝色　　　　　C. 绿色　　　　　D. 黄色

10. 下列关于安全标志，说法正确的有（　　　）。

A. 安全标志不应安装在设备间

B. 安全标志不能安装过高或过低

C. 安全标志不应安装在建筑物入口的门页上

D. 安全标志应安装在能有效识别的位置

三、判断题

1. 安全色标是指在操作人员容易产生错误而造成事故的场所，为预防事故、保障安全、提醒操作人员注意所采用的一种特殊标示。（　　　）

2. 安全色标用来表达禁止、警告、指令和提示等安全信息。（　　　）

3. 指令标志是强制人们必须做出某种动作或采用防范措施的图形标志。其基本形式是圆形边框，图形符号为白色，底色为蓝色。（　　　）

四、简答题

某化工有限公司仓库主要使用的物料为甲醛（易燃）等，反应过程为放热反应，岗位定员为三名员工，其中一名为班长。在一次加工过程中，操作人员按程序正常投料，当反应进行一段时间，依据工艺操作规程需要打开反应釜夹套冷却水降温时，班长安排一名员工打开冷却水阀，自己未去现场，该名员工却误打开了冷却水阀旁边的蒸汽阀（冷却水管道、蒸汽管道、甲醛管道上均只涂了防锈漆，阀门上面未挂标志牌），致使反应温度迅速上升，反应釜内的物料大量汽化，釜内压力迅速升高而导致爆破，含甲醛蒸汽的物料从放空管冲出，引起火灾，造成 1 名员工死亡。事故发生后，在对该岗位以往操作记录的检查中发现，操作记录中有多处控制指标超标的情况。

（1）操作人员为何误打开蒸汽阀？

（2）安全标志安装注意事项有哪些？

模块二 设备操作安全规程

学习目标

◎ 知识目标

（1）掌握物流设备准备与检查的主要内容。

（2）了解物流设备准备与检查的意义。

（3）熟知物流设备的检查方法。

（4）掌握物流设施设备的操作流程。

（5）熟知物流设施设备安全要点。

（6）掌握物流设施设备安全隐患及应对策略。

◎ 能力目标

（1）能够准确认识物流设备安全检查的重要性。

（2）能够根据实际情况选择合适的物流设备准备与检查方法。

（3）能够根据物流设施设备安全知识应对安全隐患。

◎ 思政目标

（1）加强理想信念教育，引导学生树立心系社会、承担时代重任的精神追求。

（2）培养学生的安全作业素养。

（3）强调智慧物流设备操作安全对国家经济安全的战略意义，培养学生维护数据主权和产业安全的意识。

知识图谱

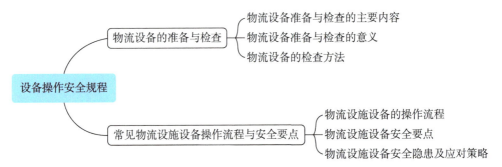

设备操作安全规程

物流设备的准备与检查
- 物流设备准备与检查的主要内容
- 物流设备准备与检查的意义
- 物流设备的检查方法

常见物流设施设备操作流程与安全要点
- 物流设施设备的操作流程
- 物流设施设备安全要点
- 物流设施设备安全隐患及应对策略

案例导入

2024 年 6 月是第 23 个全国"安全生产月"，主题是"人人讲安全、个个会应急——畅通生命通道"，6 月 16 日为全国"安全宣传咨询日"。据国务院安全生产委员会办公室、应急管理部要求，各地区、各有关部门和单位将深入排查整治生产经营场所占用、堵塞、封闭疏散通道和安全出口等突出问题。推动安全宣传"五进"，积极培育安全文化，广泛普及安全知识，提升全民安全素质和应急能力。调动职工参与监督企业和主要负责人落实安全生产责任的主动性和自觉性。上海启航物流中心计划开展一期以"检查物流设施设备"为主题的安全教育培训活动，并要求所有安全管理人员全部参加，以增强安全管理人员的安全意识，更好地掌握设备检查的技能，创造稳定的安全生产环境。

任务一　物流设备的准备与检查

任务描述

上海启航物流中心实习员工小王是一名刚入职的安全管理员，根据公司相关管理规定，安全管理员在正式上岗前，要接受为期一周的岗前培训，培训内容为理论认知和技能操练。

今天是第一次培训，主要内容为物流设备的准备与检查。

拓展视频

要求：请以项目组为单位，认真阅读案例导入，并了解物流设备准备与检查的主要内容、物流设备准备与检查的意义、物流设备的检查方法等方面的知识，深入理解物流设备准备与检查的重要性，完成"任务实施"中提出的问题。

知识链接

知识点 1：物流设备准备与检查的主要内容

物流设备的准备与检查是确保设备正常运转和高效工作的关键环节，主要内容如表 1－8 所示。

表 1－8　　　　　　　　　物流设备准备与检查的主要内容

关键环节	主要内容
设备清洁与维护	外观检查：检查设备表面是否有污垢、锈蚀或其他损伤
	清洁：对设备进行清洗，去除灰尘和污垢，特别是传送带、叉车等设备易积灰的部位
功能检查	操作测试：对设备的各项功能进行测试，确保所有按钮、开关和控制系统正常运作
	负载测试：在一定负载条件下运行设备，检查其性能和稳定性，例如，对叉车的承载能力进行测试
安全检查	安全装置检查：确保所有安全防护装置（如急停开关、限位开关）正常工作
	警示标志与标签：检查设备上的安全警示标志是否清晰可见，确保操作人员了解安全操作规程
电气系统检查	电源连接：检查电源线、插头、插座和接线端是否完好，是否有磨损或老化现象
	电气元件：检查开关、继电器和传感器等电气元件的功能是否正常
机械部件检查	润滑状态：检查各运动部件的润滑情况，必要时进行润滑，以减少磨损，提高效率
	磨损情况：检查齿轮、链条、传送带等关键部件的磨损情况，及时更换有问题的部件
液压系统检查（如适用）	油液检查：检查液压油的液位和质量，必要时补充或更换
	管路检查：检查液压管路是否有泄漏、磨损或堵塞现象
系统软件与数据检查	软件更新：检查设备控制系统的软件版本是否为最新，更新必要的补丁
	数据备份：对设备运行数据进行备份，便于后续的数据分析与故障排查
培训与记录	操作人员培训：确保操作人员接受过相关设备的操作培训，了解设备的操作规程和注意事项
	检查记录：详细记录每次检查的内容、发现的问题及处理情况，为后期维护提供参考
环境适应性检查	工作环境：确认设备在预定工作环境中的适应性，如温度、湿度和防尘防水能力

知识点 2：物流设备准备与检查的意义

物流设备的准备与检查在物流管理中具有重要的意义，主要体现在以下几个方面。

1. 确保安全性

通过定期检查设备，能够及时发现潜在的安全隐患，防止设备故障导致的事故，保护操作人员和周围环境的安全。

2. 提高效率

设备准备充分且运行良好能够降低作业停滞时间，提升整体运营效率。确保设备在最佳状态下运作，有助于加快货物的处理和运输速度。

3．减少成本

定期的检查和维护可以延长设备的使用寿命，减少设备故障导致的维修和替换成本，从而降低企业的运营成本。

4．优化资源利用

通过对设备的合理调度与使用，确保资源的高效利用，避免因设备故障或准备不足导致的资源浪费。

5．提升服务质量

设备的正常运作直接关系到物流服务的效率和质量，确保设备在良好状态下运行，可以提高服务质量和客户满意度。

6．确保合规与标准化

物流行业受各种法规和标准的监管，定期的设备准备和检查可以确保企业遵循相关法律法规，降低风险。

7．更好地应对突发情况

物流设备准备与检查可以帮助企业更好地应对突发情况，如设备故障或意外事故，提高应急处理能力。

8．助力数据记录与分析

物流设备的检查记录可以作为后续数据分析的基础，帮助企业识别设备使用中的问题，优化运作流程。

综上所述，物流设施设备的准备与检查是保障物流系统高效、安全和可靠运作的基础，对企业运作的各个方面均有重要影响。

知识点 3：物流设备的检查方法

物流设备的检查方法较多，依据不同标准可以进行不同的分类。

①按检查类型可划分为人工检查和状态检查。

人工检查是指用目视、听、嗅、触等方法进行的设备检查。

状态检查则指在设备的特定部位安装仪器仪表对设备运转情况进行自动监测。

②按时间间隔可划分为日常检查、定期检查和维修前检查。

③按检查内容可划分为功能检查和精度检查。

通过检查和评估，可以发现潜在的安全隐患和问题，及时采取措施进行改进，保障物流运输的安全、稳定和高效。在确保物流安全的同时，还可以提高物流运输的经济效益和社会效益，促进物流业的可持续发展。

◎ 任务实施

阅读任务描述，回答以下问题：

1．请根据任务描述及表 1－9 检查设备有无异常。

表 1 - 9　　　　　　　　　　　　物流设备检查内容

序号	物流设备检查内容	有无异常	备注情况
1	安全设施和装备检查		
2	运输车辆和器材检查		
3	货物包装和标志检查		
4	物流仓储管理和操作检查		
5	物流信息系统和通信设备检查		

2. 请通过网络查询现代物流公司是如何进行设备检查的。

_____

_____

_____

_____

3. 各组进行角色扮演，模拟管理人员，进行物流设备安全检查的安排工作。

_____

_____

_____

任务评价

完成上述任务后，教师组织三方进行评价，并对学生任务执行情况进行点评。学生完成表 1 - 10 的填写。

表 1 - 10　　　　　　　　　　　　考核评价表

班级		团队名称		学生姓名	
团队成员					
	考评项目	分值	要求	学生自评（30%）	团队互评（30%）	教师评定（40%）
知识能力	掌握物流设备准备与检查的意义	20 分	掌握准确			
	掌握物流设备准备与检查的主要内容	20 分	掌握准确			
	掌握物流设备的检查方法	30 分	掌握准确			

续表

职业素养	文明礼仪	10分	使用文明用语		
	团队协作	10分	相互协作		
	工作态度	10分	严谨认真		
成绩评定		100分			
心得体会					

 牛刀小试

牛刀小试
参考答案

一、单项选择题

1. 检查各运动部件的润滑情况，属于物流设备准备与检查中的（　　）。

A. 机械部件检查　　B. 液压系统检查　　C. 功能检查　　D. 电气系统检查

2. 物流设备的检查方法较多，依据不同标准可以进行不同的分类。按检查内容可分为（　　）、精度检查。

A. 性能检查　　　　B. 动力检查　　　　C. 功能检查　　　　D. 安全检查

3. 对按钮、开关等的检查是（　　）。

A. 功能检查　　　　　　　　　　B. 安全检查

C. 电气系统检查　　　　　　　　D. 机械部件检查

4. 对齿轮、传送带的检查属于（　　）。

A. 功能检查　　　　　　　　　　B. 安全检查

C. 电气系统检查　　　　　　　　D. 机械部件检查

5. 设备的特定部位安装仪器表对设备运转情况进行自动监测是（　　）。

A. 状态检查　　　　B. 人工检查　　　　C. 功能检查　　　　D. 精度检查

6. 物流设备的准备与检查是保障物流系统高效、（　　）和可靠运作的基础，对企业运作的各个方面均有重要影响。

A. 安全　　　　　　B. 节约成本　　　　C. 完善　　　　　　D. 抗震抗压

二、多项选择题

1. 物流设备的准备与检查在物流管理中具有哪些重要意义？（　　）

A. 确保安全性　　　　　　　　　B. 提高效率

C. 减少成本　　　　　　　　　　D. 优化资源利用

2. 物流设备的检查方法按时间间隔分为（　　）。

A. 日常检查　　　　B. 定期检查　　　　C. 维修前检查　　　　D. 例行检查

3. 下列属于物流设备准备与检查的意义的有（　　　）。

A. 助力数据记录与分析　　　　　　　B. 提升服务质量

C. 更好地应对突发情况　　　　　　　D. 确保合规与标准化

4. 按检查内容，物流设备的检查可分为（　　　）。

A. 人工检查　　　　B. 功能检查　　　　C. 状态检查　　　　D. 精度检查

5. 物流设备准备与检查的内容包括（　　　）。

A. 安全装置检查　　　　　　　　　　B. 警示标志与标签

C. 涂胶粘结标志　　　　　　　　　　D. 特殊包装方式

任务二　常见物流设施设备操作流程与安全要点

任务描述

上海启航物流中心实习员工小王开始接受岗前培训，总体培训内容为理论认知和技能操练。

今天的培训内容为物流设施设备的操作流程与安全检查。

要求：请以项目组为单位，认真阅读案例，分别从物流设施设备的操作流程、物流设施设备安全要点、物流设备设施安全隐患及对策方面，完成"任务实施"中提出的问题。

拓展视频

知识链接

知识点 1：物流设施设备的操作流程

一、叉车操作流程

①启动前检查：检查叉车各项功能是否正常，如灯光、警报器、刹车等。

②启动叉车：插入钥匙，启动引擎。

③装载货物：调整货叉宽度，平稳插入货物底部，升起货物至安全高度。

④运输货物：保持匀速行驶，注意转弯和上下坡时的稳定性。

⑤卸载货物：缓慢降低货物至地面或指定位置。

⑥结束作业：将叉车停放在规定区域，降下货叉，关闭引擎。

二、输送带操作流程

①启动前检查：确保输送带清洁、无异物，检查电机和控制系统。

②启动输送带：打开控制开关，缓慢启动。

③放置货物：将货物平稳放置在输送带上。

④监控运行：观察输送带运行情况，确保货物顺利输送。

⑤停止输送带：货物到达目的地后，关闭控制开关。

⑥清理与维护：定期清理输送带，进行必要的维护。

三、货架操作流程

①货架检查：检查货架结构是否稳固，确保货架无损坏。

②货物上架：根据货物大小和重量选择合适的位置，平稳放置货物。

③货物摆放：确保货物整齐摆放，标签朝外，便于识别。

④记录信息：在仓库管理系统（WMS）中记录货物的位置和数量。

⑤货物取下：按照需求从货架上取下货物。

⑥货架维护：定期检查货架，紧固螺丝，更换损坏部件。

四、自动分拣系统操作流程

①系统检查：确认自动分拣系统的硬件和软件运行正常。

②输入订单信息：将订单信息输入系统，生成分拣任务。

③货物放置：将待分拣的货物放置在分拣机上。

④自动分拣：系统根据订单信息自动分拣货物到指定出口。

⑤货物收集：在分拣机出口处收集已分拣的货物。

⑥系统维护：定期对自动分拣系统进行维护和故障排查。

五、仓库管理系统操作流程

①系统登录：操作员登录 WMS 系统。

②订单处理：接收和处理订单信息。

③库存管理：更新库存数据，进行库存盘点。

④出库/入库操作：记录货物的出库和入库信息。

⑤报表生成：生成相关报表，如库存报表、流水账报表等。

⑥系统维护：定期对 WMS 系统进行检查和升级。

六、集装箱操作流程

①检查集装箱：检查集装箱是否完好，确保集装箱无损坏。

②装载货物：根据货物类型和重量，合理装载货物。

③封箱：装载完毕后，密封集装箱。

④运输：使用合适的运输工具将集装箱运送到目的地。

⑤卸载货物：到达目的地后，打开集装箱，卸载货物。

⑥集装箱维护：定期检查和维护集装箱。

知识点 2：物流设施设备安全要点

一、物流设施设备维护与检查

定期对物流设施设备进行维护和检查，确保物流设施设备处于良好的工作状态，对关键设备（如叉车、输送带等）进行日常安全检查。

二、安全操作规程

制定并遵守安全操作规程，确保操作人员了解并遵循安全操作规程，对操作人员进行定期的安全培训。

三、个人防护

确保操作人员穿戴适当的个人防护装备，如安全帽、防护眼镜、防尘口罩等。对仓库内的行人进行安全引导，避免与作业设备发生碰撞。

四、环境安全

保持仓库内外的清洁和整齐，避免滑倒、绊倒等事故。确保仓库内的照明充足，特别是在作业区域。

五、应急准备

制定应急预案，确保在紧急情况下能够迅速反应。定期进行应急演练，提高应对突发事件的能力。

六、货物安全

根据货物的特性，采取适当的包装和固定措施，防止运输过程中货物的损坏。对易燃、易爆等危险品进行特殊处理，确保运输安全。

知识点 3：物流设施设备安全隐患及应对策略

物流设施设备安全隐患及应对策略如表 1－11 所示。

表 1 - 11 物流设施设备安全隐患及应对策略

常见类型	常见问题	应对策略
1. 人员安全 物流设施设备中最重要的一个方面就是人员安全。如果员工没有受到保护，他们就有可能遭遇严重的安全事故	人群密度过大，容易引发拥挤及交通阻塞	限制人员进入某些作业区域，清理不必要的障碍，提高员工的技能和安全意识
	物流作业中大型机械设备使用不当、操作不规范，容易导致身体伤害	机械设备要进行定期检修和保养，并对所有员工进行必要的培训和指导，明确设备的使用规范和注意事项，以避免使用错误导致的人身伤害
2. 环境安全 物流设施设备环境安全指在一些工作环节中，员工遭遇的危险环境条件，如有害气体、高温、低温、高湿度、低湿度和噪声等对人体有害的因素	高温、低温、高湿度和低湿度等环境因素危害人员健康	将工作区拆成合适的温度和湿度区域
	作业过程中出现的粉尘、毒气等有害物质危害人员健康	需要进行必要的通风和防疫措施，添加合适的过滤媒介，并为所有员工提供必要的防护装备，保证他们在工作过程中的健康和安全
3. 设备安全 设备安全问题对物流工业的发展和运营的影响更加直接	设备操作程序不正确或未及时维修保养，容易导致设备损坏	制定更加完善的操作手册和设备维护保养制度，并加强检查和监控工作
	设备本身存在缺陷或质量问题，使用后容易导致事故	设备的质量检验和控制要更加严格，设立监测及维修追踪系统
4. 管理安全 管理安全包括人员管理、业务管理、财务管理等多个方面。缺乏有效的管理制度和安全措施可能会使物流公司在运作过程中遇到重大的安全问题	缺少安全制度，人员管理存在空缺	完善人员管理制度，定期培训员工，规范作业流程
	财务管理不规范，可能导致资金管理方面的隐患	强化财务管理，建立稽核系统和风险控制机制

以上是对物流设施设备安全隐患和对策的总体讨论，物流行业的设施设备一直处于不断变化和更新中，要随时关注和适应新的形势和趋势，不断完善和改进自身的管理和控制措施，确保安全贯穿物流设施设备使用的始终。

🎯 任务实施

阅读任务描述，回答以下问题：

1. 请根据任务描述，针对常见的物流设施设备进行安全要点自查，如表 1 - 12 所示。

表 1－12　　　　　　　　　　　物流设施设备安全要点自查

序号	物流设施设备安全要点	有无异常	备注情况
1	物流设施设备维护与检查		
2	安全操作规程		
3	个人防护		
4	环境安全		
5	应急准备		
6	货物安全		

2. 请通过网络查询现代物流公司对物流设施设备安全检查的要求有哪些。

_____

_____

_____

_____

任务评价

完成上述任务后，教师组织三方进行评价，并对学生任务执行情况进行点评。学生完成表 1－13 的填写。

表 1－13　　　　　　　　　　　考核评价表

班级		团队名称		学生姓名	
团队成员					

	考评项目	分值	要求	学生自评（30%）	团队互评（30%）	教师评定（40%）
知识能力	掌握物流设施设备的操作流程	20 分	掌握准确			
	掌握物流设施设备安全要点	20 分	掌握准确			
	掌握物流设施设备安全隐患及应对策略	30 分	掌握准确			
职业素养	文明礼仪	10 分	使用文明用语			
	团队协作	10 分	相互协作			
	工作态度	10 分	严谨认真			
成绩评定		100 分				
心得体会						

牛刀小试

牛刀小试
参考答案

一、单项选择题

1. 下列选项中，说法错误的是（　　）。

A. 操作叉车前要检查刹车等功能有无异常

B. 启动输送带时速度要快

C. 叉车运输货物时应保持匀速行驶

D. 叉车结束作业后应降下货叉

2. 下列选项中，说法正确的是（　　）。

A. 货架上的货物标签应朝里　　　　　　B. 货物上架时重货应放在上层

C. 仓库管理系统可生成相关报表　　　　D. 装载货物完毕后，不应密封集装箱

3. 制定并遵守（　　），确保操作人员了解并遵循它。

A. 安全操作规程　　　　　　　　　　　B. 生产流程

C. 安全检查　　　　　　　　　　　　　D. 安全管理条例

4. 物流设施设备安全检查是指对物流过程中可能存在的（　　）进行系统的检查、评估和改进的活动。

A. 安全隐患和问题　　　　　　　　　　B. 操作方法与流程

C. 分拣与搬运　　　　　　　　　　　　D. 包装与遮盖

5. 货架的基本功能是（　　）。

A. 便于储存规格复杂多样的货物　　　　B. 有效保护货物

C. 提高仓库空间的利用率　　　　　　　D. 减少装卸搬运的投入

二、多项选择题

1. 物流设施设备常见的安全隐患包括（　　）。

A. 夏季高温可能对人员健康造成危害　　B. 操作程序不正确容易导致设备损坏

C. 人群密度过大可能引发拥挤　　　　　D. 管理不善可能导致资金链断裂

2. 叉车操作流程包括（　　）。

A. 启动前检查　　　B. 启动叉车　　　C. 装载货物　　　D. 运输货物

3. 管理安全包括（　　）。

A. 人员管理　　　　B. 业务管理　　　C. 财务管理　　　D. 包装管理

4. 关于物流设施设备的操作流程，说法正确的有（　　）。

A. 应定期清理输送带

B. 应定期检查货架，坚固螺丝

C. 应定期对自动分拣系统进行维护和故障排查

D. 应定期对 WMS 系统进行检查和升级

5. 下列选项中，说法正确的是（　　）。

A. 应定期对操作人员进行安全培训

B. 要确保操作人员穿戴适当的个人防护装备

C. 要保持仓库内外的清洁和整齐

D. 应根据货物的特性，采取适当的包装

设施设备篇

模块一 智能仓储设施设备

学习目标

◎ 知识目标

(1) 了解智能仓储设施设备的分类。

(2) 了解自动化立体仓库的特点。

(3) 了解智能仓储机器人的优势。

(4) 熟悉智能拣选系统的操作。

(5) 掌握自动分拣机的类型。

◎ 能力目标

(1) 能够辨别不同的智能仓储设施设备。

(2) 能够正确操作自动化立仓库、智能拣选系统等。

(3) 能够规范操作其他智能仓储设施设备。

◎ 思政目标

(1) 培养学生观察与动手的能力和创新精神。

(2) 培养学生的团队意识和沟通表达能力。

(3) 培养学生敬业和吃苦耐劳的责任意识。

(4) 培养学生安全规范操作的职业素养。

(5) 传递"精益求精"的职业态度,"爱岗敬业、追求卓越"的工匠精神。

知识图谱

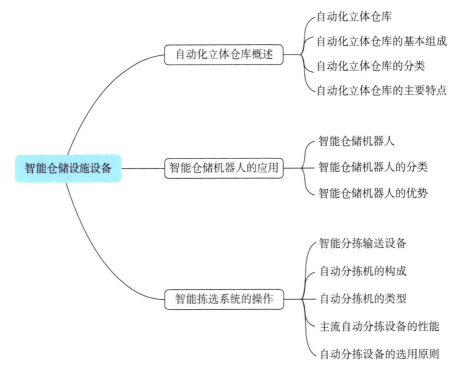

 案例导入

京东物流上海"亚洲一号"无人仓的全自动化作业

京东物流上海"亚洲一号"无人仓，占地较大，物流主体由收货、储存、订单拣选、包装四个作业系统组成，该仓库承担着华东地区每天数万单产品的入库、储存、包装、分拣、出库等任务，各环节紧密衔接、有条不紊。

在收货、储存阶段，"亚洲一号"使用的是高密度储存货架，储存系统由 8 组穿梭车立库系统组成，可同时储存商品 6 万箱，可将其简单理解为储存量更大的无人货架。货架的每个节点都有红外射线，这是因为在运输货物的过程中，需要以此确定货物的位置和距离，保证货物的有序摆放。

在包装阶段，京东使用自主研发的、先进的自动打包机，包装分为两种，包括纸箱包装和纸袋包装。

在打包过程中，机器可以扫描货物的二维码，并根据二维码信息来进行包装和纸板的切割。纸箱包装和纸袋包装在货物的包装数量上有所不同。其中白色袋子可以同时包装几件商品，更加灵活。黄色箱子只能包装 1 件商品，并且是更加标准化的商品，如手机。打包时两种包装分为两条轨道独立运作，在到达分拣中心之前汇集。

在货物入库、包装这两个环节里，京东无人仓配备了 3 种不同型号的六轴机械臂，将其应用在入库装箱、拣货、混合码垛、分拣机器人供包 4 个场景下。

在分拣阶段，采用 AGV（Automatic Guided Vehicle，自动导引车，即"小红人"）进行作业。"亚洲一号"的 AGV 有三种类型，按型号分为大、中、小号。中、小 AGV 在分拣轨道里运作，运输货物；而大的 AGV 则在货物掉入集宝口之后直接将集宝口运送到不同的分拨中心。

这些 AGV 每次充电耗时 10 分钟，按照不同的轨道进行货物的运送，碰上加急的货物，其他 AGV 会自动让道，让加急货物享受优先运送。

在分拣场内，京东分别使用了 2D 视觉识别、3D 视觉识别，以及由视觉技术与红外测距组成的 2.5D 视觉技术，为仓库内的智能机器人安装了"眼睛"，实现了机器与环境的主动交互。

这种视觉技术是为了让机器人更好地判断 SKU（货品单元）的条码。视觉技术升级后，机器人可以更好地改进动作幅度和吸力来判断该抓取商品的位置。不过，即使如此，仍然会出现差错，这是因为，为了节省成本，商品通常只会打上条码，一旦条码处于机器人的视觉盲点，系统将无法获取商品信息。

目前"亚洲一号"的每日包裹量较大，这种体量仅分拣场景就需要几百人同时作业，实现无人化后可以通过机器实现全自动化。

任务一　自动化立体仓库概述

 任务描述

京东"亚洲一号"仓是亚洲首个实现无人化操作的自动化立体仓库，在很大程度上降低了物流成本，提高了仓储作业的效率。无人操作技术主要体现在以下几个方面。第一，自动化立体仓库的基础设施配置，如现代化的货架、穿梭车、识别系统、输送系统及控制系统，为无人化的运行奠定了设施基础。第二，智能机器人，它如同人体中的血液在全身流动一般，在仓库的各个角落工作，使整个仓库稳定运作。不同的机器人有着不同的分工，如有负责搬运的 AGV 机器人，有负责分拣的 Delta 机器人，还有负责货架移动的货架穿梭车等。整个物流仓储各个环节的机器人都按照不同功能和特性，明确其作业分工。第三，智能算法和自动识别感应射频技术就像人的大脑和眼睛一样，分别负责信息的处理和识别。智能算法是整个无人仓的技术核心，整个仓库的运行全部受智能算法的调配。京东"亚洲一号"仓让京东物流走在了行业前端，同时扩大了京东的影响力和知名度，并且实现了京东的社会责任和企业利益的双重价值。

在大数据、人工智能技术的支持下，自动化立体仓库成为不可阻挡的潮流趋势。

人工智能是当今时代发展的一个主题和热点，自动化立体仓库又是现代物流、智慧物流发展的重中之重。从提高物流仓储效率的角度出发，将人工智能技术应用到自动化立体仓库中，可以实现货物存取合理化、自动化，提高仓库空间的利用率及仓库的运转效率。

要求：以项目组为单位，结合知识链接完成"任务实施"中的问题。

 知识链接

知识点 1：自动化立体仓库

自动化立体仓库是由高层货架、巷道堆垛机、出入库输送机系统、条码阅读系统、通信系统、自动控制系统、储存信息管理系统、计算机监控系统、计算机管理系统及其他如电线、电缆、桥架、配电柜、托盘、调节平台、钢结构平台等辅助设备组成的复杂的自动化系统。自动化立体仓库运用一流的集成化物流理念，采用先进的控制、总线、通信和信息技术，通过以上设备的协调动作进行出入库作业，如图 2－1 所示。与传统仓库相比，自动化立体仓库采用立体式储存、自动化机械搬运及现代化管理的模式，具有高效、安全、成本低等优势，有利于企业可持续发展。

图 2－1 自动化立体仓库

知识点 2：自动化立体仓库的基本组成

自动化立体仓库一般由高层货架、巷道堆垛机、出入库输送机系统、自动控制系统、储存信息管理系统、AGV 及托盘或货箱等辅助设备组成，可对集装单元货物进行大量储存、自动存取。

1. 高层货架

高层货架是用于储存货物的钢结构。目前主要有焊接式货架和组合式货架两种基本形式。

2. 巷道堆垛机

巷道堆垛机是用于自动存取货物的设备。按结构形式分为单立柱和双立柱两种基本形式；按服务方式可分为直道、弯道和转移车三种基本形式。

3. 出入库输送机系统

出入库输送机系统是自动化立体仓库的主要外围设备，负责将货物运送到起重机或从起重机上将货物移走。输送机种类非常多，常见的有辊道输送机、链条输送机、升降台、分配车、提升机、带式输送机等。出入库输送机系统如图2-2所示。

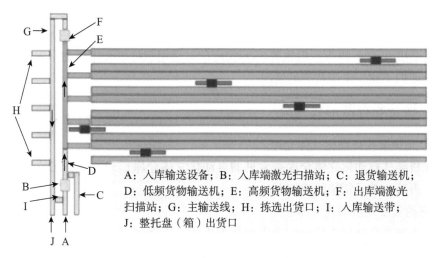

A：入库输送设备；B：入库端激光扫描站；C：退货输送机；D：低频货物输送机；E：高频货物输送机；F：出库端激光扫描站；G：主输送线；H：拣选出货口；I：入库输送带；J：整托盘（箱）出货口

图2-2　出入库输送机系统

4. 自动控制系统

自动控制系统是驱动自动化立体仓库系统各设备的信息系统。目前主要采用现场总线方式控制模式。

5. 储存信息管理系统

储存信息管理系统又称中央计算机管理系统，是自动化立体仓库的核心。典型的自动化立体仓库均采用大型的数据库系统（如 Oracle、Sybase 等）构筑客户机/服务器体系，可以与其他系统（如 ERP 系统等）联网或集成。

6. AGV

AGV 即自动导引车，根据其导向方式分为感应式自动导引车和激光式自动导引车。

7. 托盘或货箱

托盘或货箱是用于承载货物的器具，又称工位器具。

自动化立体仓库的辅助设备还包括搬运机、叉车、台车等，其作用是配合巷道式堆垛机完成货物输送、搬运、分拣等作业，还可以临时取代其他搬运系统，使自动存取系统维持工作，完成货物出入库作业。

知识点 3：自动化立体仓库的分类

一、按建筑形式划分

1. 整体式自动化立体仓库

整体式自动化立体仓库指货架除储存货物外，还作为建筑的支撑结构，是建筑物的一部分，即库房货架一体化结构，一般整体式自动化立体仓库的高度在 12m 以上。这种结构的仓库重量轻、整体性好、抗震好。

2. 分离式自动化立体仓库

分离式自动化立体仓库储存货物的货架在建筑物内部独立存在。分离式自动化立体仓库的高度在 12m 以下，但也有 15～20m 的，适用于将原有建筑物作为库房，或在厂房和仓库内单建一个高货架的情况。

二、按货物存取形式划分

1. 单元货架式自动化立体仓库

单元货架式自动化立体仓库是常见的自动化立体仓库形式，货物先放在托盘或集装箱内，再装入单元货架的货位上。

2. 移动货架式自动化立体仓库

移动货架式自动化立体仓库由电动货架组成，货架可以在轨道上行走，由控制装置控制货架合拢和分离。作业时，货架分开，在巷道中可进行作业；不作业时，可将货架合拢，只留一条作业巷道，从而提高空间的利用率。

3. 拣选货架式自动化立体仓库

拣选货架式自动化立体仓库的核心部分是分拣机构，其拣选方式分为巷道内分拣和巷道外分拣两种方式。"人到货前拣选"是拣选人员乘拣选式堆垛机到货格前，从货格中拣选所需数量的货物出库。"货到人处拣选"是将存有所需货物的托盘或货箱由堆垛机送至拣选区，拣选人员按提货单的要求拣出所需货物，再由堆垛机将剩余的货物送回原地。

三、按货架构造划分

1. 单元货格式自动化立体仓库

单元货格式自动化立体仓库类似单元货架式自动化立体仓库，巷道占去了 1/3 左右的面积。

2. 贯通货架式自动化立体仓库

为了提高仓库利用率，可以取消位于各排货架之间的巷道，将货架合并在一起，使每一层、同一列的货物互相贯通，形成能一次存放多货物单元的通道，而在另一端由出库起重机取货，这种仓库称为贯通货架式自动化立体仓库。根据货物单元在通道内的移动方式，贯通货架式自动化立体仓库又可分为重力式货架仓库和穿梭小车式货架仓库。重力式货架仓库每个存货通道只能存放同一种货物，所以它适用于货物品种不太多而数量又相对较大的仓库。穿梭小车式货架仓库中的货物可以由起重机从一个存货通道搬运到另一个存货通道。贯通货架如图2-3所示。

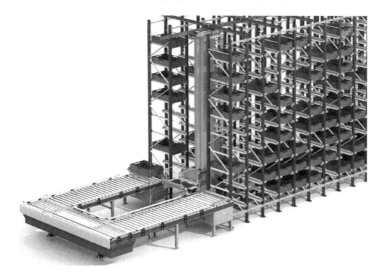

图2-3 贯通货架

3. 水平旋转货架式自动化立体仓库

水平旋转货架式自动化立体仓库采用水平旋转货架。水平旋转货架本身可以在水平面内沿环形路线来回运行。每组货架由若干独立的货柜组成，用一台链式传送机将这些货柜串联起来。每个货柜下方有支撑滚轮，上部有导向滚轮。传送机运转时，货柜便相应运动。需要提取某种货物时，只需在操作台上发出出库指令。当装有所需货物的货柜转到出货口时，货架停止转运。这种货架对于小件物品的拣选作业十分合适，它简便实用，充分利用空间，适用于作业频率要求不太高的场合。水平旋转货架如图2-4所示。

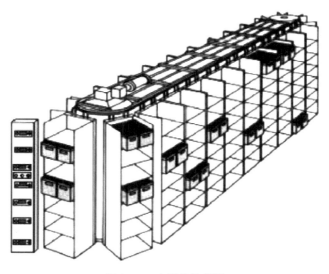

图2-4 水平旋转货架

知识点 4：自动化立体仓库的主要特点

一、提高空间利用率

早期自动化立体仓库构想的基本出发点是提高空间利用率，充分利用有限且宝贵的土地资源。自动化立体仓库能充分利用仓库的垂直空间，使其单位面积储存量远大于普通的单层仓库，一般能达到单层仓库的 4~7 倍。目前，世界上最高的立体仓库可达 40 多米，容量超过数万个甚至十多万个货位。

二、便于形成先进的物流系统

传统仓库只是货物储存的场所，保存货物是其唯一的功能，是一种"静态储存"。自动化立体仓库采用先进的自动化物料搬运设备，是一种"动态储存"。以制造业为例，自动化立体仓库不仅能使货物在仓库内按需要自动存取，而且可以与仓库外的生产环节进行有机的连接，并通过计算机管理系统和自动化物料搬运设备使仓库成为企业生产物流中的一个重要环节。对于物流业来说，先进的自动化物料搬运设备不仅能使货物在仓库内按需要自动存取，而且可以与客户需求、配送计划进行有机的连接，并通过计算机管理系统和自动化物料搬运设备使配送作业更加精准，仓储与配送管理更加精细，有利于提高物流企业的管理水平。

三、提高生产效率

自动化立体仓库因采用自动化设备和计算机管理系统，大幅提高了生产效率，主要体现在以下四个方面。

①采用自动巷道式堆垛机取代人工存放货物和取货，既快捷又省力。由于工人不必进入仓库内工作，工作环境大为改善。

②采用计算机管理系统对货物进行管理，大大提高了管理能力。仓库管理科学化，准确性和可靠性有了质的提高，出入库管理、盘库等工作变得简单快捷，工人的劳动强度大大降低。

③自动化立体仓库系统辅以库前辅助输送设备，使出入库变得简单方便。

④自动化立体仓库系统所需要的操作人员和系统维护人员很少，既节省了人力、物力及资金，又改善了工作环境，一举多得。

四、提高货物仓储质量

自动化立体仓库利用计算机进行仓储管理，可以方便地做到"先进先出"，防止货物自然老化、变质、生锈，也能避免货物的丢失。在库存管理中利用计算机，可以迅速、准确地盘库，由此大大提高了货物的仓储质量。

扩展阅读

激光三维导引装置

　　宁波某物流公司为了节约成本，在花 25 万元购买前移式高位叉车后，又投资 20 万元进行无人驾驶改进，每台叉车可节约成本近 50 万元。该叉车用激光导航定位，克服了有些 AGV 需要电磁轨道的弊端，行走路径可更改、变换，如图 2-5 所示。

（a）改造后的无人驾驶前移式高位叉车　　（b）货架边缘白色激光定位导航装置

图 2-5　激光三维导引装置

 ## 任务实施

　　阅读"任务描述"，结合知识链接完成表 2-1。

表 2-1 　　　　　　　　　　自动化立体仓库要点自查

1	概念	
2	基本组成	
3	按建筑形式分类	
4	按货物存取形式分类	
5	按货架构造划分	
6	特点	

 ## 任务评价

　　完成上述任务后，教师组织三方进行评价，并对学生任务执行情况进行点评。学生完成表 2-2 的填写。

表 2 - 2   考核评价表

班级		团队名称			学生姓名	
团队成员						

考评项目		分值	要求	学生自评（30%）	团队互评（30%）	教师评定（40%）
知识能力	掌握自动化立体仓库的概念及基本组成	20分	掌握准确			
	掌握自动化立体仓库的分类	20分	掌握准确			
	掌握自动化立体仓库的主要特点	30分	掌握准确			
职业素养	文明礼仪	10分	使用文明用语			
	团队协作	10分	相互协作			
	工作态度	10分	严谨认真			
成绩评定		100分				
心得体会						

牛刀小试

牛刀小试
参考答案

一、单项选择题

1. 以下不是自动化立体仓库的优越性的是（　　）。

A. 提高空间利用率　　　　　　B. 提高货物仓储质量

C. 前期资金投资大　　　　　　D. 提高生产效率

2. 关于自动化立体仓库描述正确的是（　　）。

A. 易"先进先出"　　　　　　B. 存储量较少

C. 不易"先进先出"　　　　　D. 不便清点和盘库

3. 关于自动化立体仓库的说法不正确的是（　　）。

A. 自动化立体仓库是利用计算机管理和控制

B. 自动化立体仓库不能提高仓库的利用率

C. 自动化立体仓库存取自动化，操作简单

D. 自动化立体仓库采用条码技术或射频识别（RFID）技术

4. 下面关于自动化立体仓库的说法不正确的是（　　）。

A. 自动化立体仓库节省了人力，但降低了库容的利用率

B. 利用计算机管理，可以方便地做到"先进先出"

C. 存储弹性较大，能够应付紧急需求

D. 自动化立体仓库内可以储存很多规格符合货架尺寸的物品

5. 自动存取货物的设备是（　　）。

A. 立体货架　　　　B. 巷道堆垛机　　　C. 出入库输送设备　D. 控制管理系统

6. 按照建筑形式划分，自动化立体仓库可分为（　　）。

A. 整体式、分离式

B. 单元货架式、移动货架式、拣选货架式

C. 单元货格式、贯通货架式、水平旋转货架式

D. 高架库式、地面平库式、楼库式

7. 立体仓库单位面积的储存量可达单层仓库的（　　）倍。

A. 2～4　　　　　　B. 4～7　　　　　　C. 6～8　　　　　　D. 8～11

8. 单元货格式自动化立体仓库的巷道大约占了（　　）的面积。

A.2/3　　　　　　B.1/3　　　　　　C.1/5　　　　　　D.1/2

二、多项选择题

1. 自动化立体仓库的构成主要有（　　）。

A. 高层货架、巷道堆垛机、出入库输送机系统

B. 条码阅读系统、通信系统、自动控制系统

C. 计算机监控系统、计算机管理系统

D. 托盘、调节平台、钢结构平台

2. 自动化立体仓库的优势有（　　）。

A. 高效　　　　　　　　　　　　B. 安全

C. 成本低　　　　　　　　　　　D. 有利于企业可持续发展

3. 自动化立体仓库采用自动化设备和计算机管理系统后，大幅提高了生产效率，主要体现在（　　）。

A. 采用自动巷道堆垛机取代人工存放货物和取货，既快捷又省力

B. 利用计算机管理系统对货物进行管理，大大提高了管理能力

C. 自动化立体仓库系统辅以库前辅助输送设备，使出入库变得简单方便

D. 自动化立体库系统节省了人力、物力及资金

4. 自动化立体仓库按照货物存取形式可分为（　　）。

A. 单元货架式　　B. 移动货架式　　C. 拣选货架式　　D. 贯通货架式

5. 自动化立体仓库的主要特点有（　　）。

A. 提高空间利用率　　　　　　　B. 便于形成先进的物流系统

C. 提高生产效率　　　　　　　　D. 提高货物仓储质量

6. 自动化立体仓库的基本组成包括（　　）。

A. AGV　　　　　B. 托盘或货箱　　　　C. 高层货架　　　　D. 手推车

7. 自动化立体仓库采用的模式是（　　）。

A. 立体储存　　　　　　　　　　B. 自动化搬运

C. 现代式管理　　　　　　　　　D. 劳动密集式投入

8. 仓库是指储存和保管物品的场所，以下属于仓库的有（　　）。

A. 露天堆场　　　　　　　　　　B. 半封闭货棚

C. 全封闭普通仓库　　　　　　　D. 特种仓库

三、判断题

1. 自动化立体仓库的英文缩写为 AS/RS。（　　）

2. 自动化立体仓库主要由高层货架、巷道堆垛机、出入库输送设备、自动控制系统和储存信息系统等组成。（　　）

3. 整体式货架是指高度在 15 米以上的货架。（　　）

任务二　智能仓储机器人的应用

任务描述

近几年，智能物流、智能制造等产业发展上升到国家发展战略的高度，在 2021 年发布的《中华人民共和国国民经济和社会发展第十四个五年规划和 2035 年远景目标纲要》中，明确列出了智能制造和人工智能的发展方向，强调加快推动交通和物流的智能化升级改造，并提出了全国交通与物流枢纽及冷链物流设施的建设目标。

随着仓配企业降本增效的要求及客户个性化需求的不断提升，中国的物流装备行业将会进入全方位的数字化时代，物流数字化科技将会以移动技术、大数据、传感器、人工智能、物联网、云服务架构为基础，渗透物流的各个环节。未来的新技术、新产业、新业态和新模式，都将会围绕数字化的应用而产生和发展。

要求：以项目组为单位，结合知识链接完成"任务实施"。

知识链接

知识点 1：智能仓储机器人

智能仓储机器人属于工业机器人的范畴，指应用在仓储环节，可通过接受指令或系统预先设置的程序，自动执行货物转移、搬运等操作的机器装置。智能仓储机器人作为智慧物流的重要组成部分，顺应了新时代的发展需求，成为物流行业解决高度依赖人工、业务高峰期分拣能力有限等瓶颈问题的突破口。智能仓储机器人如图 2-6 所示。

图 2-6　智能仓储机器人

知识点 2：智能仓储机器人的分类

根据应用场景的不同，智能仓储机器人可分为 AGV 机器人、码垛机器人、分拣机器人、AMR 机器人、RGV 穿梭车五大类。

一、AGV 机器人

AGV 机器人又称自动导引车，是一种具备高性能的智能化物流搬运设备，主要用于货物的搬运。自动导引车可分为有轨导引车和无轨导引车。顾名思义，有轨导引车需要铺设轨道，只能沿着轨道移动。无轨导引车则无须借助轨道，可任意转弯，灵活性及智能化程度更高。自动导引车运用的核心技术包括传感器技术、导航技术、伺服驱动技术、系统集成技术等。AGV 机器人如图 2-7 所示。

图 2-7　AGV 机器人

二、码垛机器人

码垛机器人是一种用来堆叠货品或者执行装箱、出货等物流任务的机器设备。每台码垛机器人携带独立的机器人控制系统，能够根据不同货物，进行不同形状的堆叠。码垛机器人搬运重物时的速度和质量远远高于人工，具有负重大、频率高、灵活性高的优势。按照运动坐标形式分类，码垛机器人可分为直角坐标式机器人、关节式机器人和极坐标式机器人。码垛机器人如图 2-8 所示。

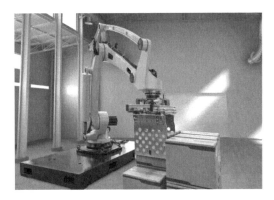

图 2-8 码垛机器人

三、分拣机器人

分拣机器人是一种可以快速进行货物分拣的机器设备。分拣机器人可利用图像识别系统分辨物品形状，用机械手抓取物品，然后放到指定位置，实现货物的快速分拣。分拣机器人运用的核心技术包括传感器技术、图像识别技术和多功能机械手。分拣机器人如图 2-9 所示。

图 2-9 分拣机器人

四、AMR 机器人

AMR（Automatic Mobile Robot）机器人又称自主移动机器人，与自动导引车相比具备一定优势，主要体现在：①智能化导航能力更强，能够利用相机、内在传感器、扫描仪探测周围环境，规划最优路径；②自主操作灵活性更加优越，通过简单的软件调整即可自由调整运输路线；③经济适用，可以快速部署，初始成本低。AMR机器人如图2-10所示。

图2-10 AMR机器人

五、RGV穿梭车

RGV（Rail Guided Vehicle）穿梭车即有轨制导车辆，它是一种智能仓储设备，可以配合叉车、堆垛机、穿梭母车运行，实现自动存取，适用于密集储存货架区域，具有运行速度快、灵活性强、操作简单等特点。RGV穿梭车如图2-11所示。

图2-11 RGV穿梭车

知识点3：智能仓储机器人的优势

智能仓储机器人颇有发展前景。随着物流业的发展和电商的繁荣，智能仓储需要更高效、更智能的自动化设备，机器人技术就得以应用到仓库管理中。

智能仓储机器人的优势体现在以下几个方面。

1. 人力成本降低

传统的仓储管理必定需要很多人工劳动，而机器人作为替代品，可大幅缩减对人力的需求，提高效率和速度，降低人力成本。

2. 管理难度降低

智能仓储机器人采用自动化管理，相对于传统的人工管理系统，降低了管理难度，提高了生产效率和数据的可靠性。

3. 管理质量提高

智能仓储机器人具备智能化的系统，可以更好地处理和管理库存，保障产品质量的稳定性与可靠性。

4. 工作效率提升

相较于人工货架上下料，自动货架上下料的工作效率更高、速度更快、准确率更高，无论是在空间操作还是物流操作上都更有效率。

5. 灵活性更强

智能仓储机器人符合现代生产多样化的要求，能够适应许多种仓储方式，生产灵活性更强，提高了作业的效率和管理的准确性。

6. 减少货损和误操作

智能仓储机器人可以准确处理物品，减少了因为操作不当造成的货物损伤和误操作等，同时也避免了人工管理引发的多种风险。

🎯 任务实施

阅读任务描述，回答以下问题：

1. 请根据任务描述，分析智能仓储技术的应用给我们带来的好处还有哪些。

_____

_____

_____

_____

2. 请通过网络查询还有哪些智能仓储机器人。

_____

_____

_____

_____

📝 任务评价

完成上述任务后，教师组织三方进行评价，并对学生任务执行情况进行点评。学生完成表2-3的填写。

表 2-3   考核评价表

班级		团队名称			学生姓名	
团队成员						
考评项目		分值	要求	学生自评 （30%）	团队互评 （30%）	教师评定 （40%）
知识能力	掌握智能仓储机器人的基本概念	20分	掌握正确			
	掌握智能仓储机器人的分类	20分	掌握正确			
	掌握智能仓储机器人的优势	30分	掌握正确			
职业素养	文明礼仪	10分	使用文明用语			
	团队协作	10分	相互协作			
	工作态度	10分	严谨认真			
成绩评定		100分				
心得体会						

 **牛刀小试**

牛刀小试
参考答案

一、单项选择题

1. 下列关于 AMR 机器人的优势，说法错误的是（   ）。

A. 能够利用相机、内在传感器、扫描仪探测周围环境

B. 通过简单的软件调整可自由调整运输路线

C. 初始成本较高

D. 智能化导航能力更强

2. 能够利用图像识别系统分辨物品形状，用机械手抓取物品，然后放到指定位置，实现货物的快速分拣的是（   ）。

A. AGV   B. 码垛机器人

C. 分拣机器人   D. AMR 机器人

3. （   ）的应用，能够提高仓储系统的自动化水平，多机器人的协调是实现自动化仓储的基础。

A. 智能机器人   B. 物联网技术

C. 智能算法   D. 智能控制技术

4. 用来堆叠货品或者执行装箱、出货等物流任务的机器设备是（   ）。

A. 码垛机器人   B. AMR 机器人

C. 分拣机器人   D. RGV 穿梭车

二、多项选择题

1. 下列属于智能仓储机器人的特点的有（   ）。

A. 能够自动完成货物抓取、搬运、分类等任务

B. 无法应对不同的仓库环境和货物类型

C. 配备了多种传感器和安全装置

D. 需要大量人工干预

2. AGV 运用的核心技术有（   ）。

A. 传感器技术   B. 导航技术

C. 系统集成技术   D. 伺服驱动技术

3. 关于智能仓储机器人的优势，描述正确的是（   ）。

A. 提高仓库作业效率   B. 降低人力成本

C. 无法 24 小时不间断工作   D. 提升仓库运营质量

4. 码垛机器人的优势有（   ）。

A. 负重大   B. 频率高

C. 成本低   D. 灵活性高

5. 智能仓储机器人在应用中，可以带来的效益有（   ）。

A. 减少人力成本   B. 增加货物破损率

C. 管理难度降低   D. 加速订单处理速度

6. 在智能仓储系统中，机器人与其他系统协同工作的方式有（   ）。

A. 与 WMS 系统进行数据交互   B. 无须人工干预，完全自主工作

C. 与 RFID 技术配合进行货物追踪   D. 无法与其他自动化设备集成

三、判断题

1. 智能仓储机器人可以完全替代人类在仓库中的所有工作。（   ）

2. 智能仓储机器人具备自主导航和避障功能，可以在仓库中自由移动而不碰撞其他物体。（   ）

3. 智能仓储机器人的应用仅局限于大型仓库和物流中心。（   ）

4. 智能仓储机器人只能进行简单的货物搬运，不能进行复杂的分类和分拣工作。（   ）

5. 智能仓储机器人的使用一定能够降低仓库的成本。（   ）

任务三　智能拣选系统的操作

 ## 任务描述

消费市场的发展壮大，离不开物流行业"智能化＋数字化"的改革升级，近日，山东省威海市临港区的顺丰智能分拣分拨中心全新"亮相"。全自动智能分拣系统流水线马力全开，15 分钟就能完成全部流程，这是顺丰最近投用的新产线。为与日益发展的消费市场同频共振，顺丰鲁晋分拨区威海环翠中转场投资 2 亿元，全面升级。扩展到现在的 2.3 万平方米，拥有两套全自动分拣系统，可以对现场作业的各类智能设备、系统进行监测和集中控制，可实现整个现场 90％以上全自动化。因为实现了智能化，分拣速度比过去提高了一倍，日均人员投入也减少 60 多人次，快件日处理量最高可达 15 万单。

拓展视频

现在，每个顺丰快件到达中转场后，很快即可派送至威海客户手中。针对威海特色的鱼竿等外向型产品和无花果、樱桃等特色农产品，中转场还设置了专用区域，专人保障、专车专运，确保快件安全送到客户手中。

要求：以项目组为单位，结合知识链接完成"任务实施"。

 ## 知识链接

知识点 1：智能分拣输送设备

智能分拣输送设备是运用信息感知、自动识别、智能控制技术，根据计算机指令或进行自主判断，实现物流分拣输送自动化、智能化运作的机械设备。

智能分拣输送设备由中央计算机控制，应用大量传感器、控制器和执行器，能够自动完成货品的进出库、装卸、分类、分拣、识别、计量等工作，在现代物流运作中具有十分重要的作用，是生产制造和物流运作过程中，组成机械化、连续化、自动化、智能化流水作业线不可缺少的部分，是自动化仓库、配送中心、大型货场的生命线，因此，在仓配业被誉为"智能机器手"。从自动化效果来看，目前半自动化分拣机的效率是人工的 3 倍以上，自动化分拣机的效率是人工的 6 倍以上。在一个完整的自动化物流仓配系统中，智能分拣输送设备是物流自动化中的关键核心设备，成本占比高达 36％。

知识点 2：自动分拣机的构成

1. 控制装置

控制装置的作用是识别、接收和处理分拣信号，根据分拣信号的要求指示分类装置，按商品品种、商品送达地点或货主的类别对商品进行自动分类。这些分拣需求可以通过条码扫描、色码扫描、键盘输入、重量检测、语音识别、高度检测及形状识别等方式，输入分拣控制系统中，根据对这些分拣信号的判断，决定某一种商品该进入哪一个分拣道口。

2. 分类装置

分类装置是由控制装置发出分拣指示，当具有相同分拣信号的商品经过该装置时，该装置执行动作，使商品改变在输送装置上的运行方向，进入其他输送机或进入分拣道口。分类装置的种类很多，一般有推出式、浮出式、倾斜式和分支式几种，不同的装置对分拣货物的包装材料、包装重量、包装物底面的平滑程度等有不同的要求。

3. 输送装置

输送装置的主要组成部分是传送带或输送机，其主要作用是使待分拣商品鱼贯通过控制装置、分类装置。输送装置与分类装置柔性连接在一起，输送装置上的商品要能准确无误、无损坏地送至指定的位置。

4. 分拣道口

分拣道口是已分拣商品脱离主输送机（或主传送带）进入集货区域的通道，一般由钢带、皮带、滚筒、容器等组成滑槽，商品从分类装置（主输送装置）滑向集货站台或其他接口设备，在那里工作人员将该格口的所有商品集中进行处理，或是入库储存，或是组配装车并进行配送作业。

以上四部分装置通过计算机网络连接在一起，配合人工控制及相应的人工处理环节构成完整的自动分拣机。自动分拣机的基本组成如图 2-12 所示。

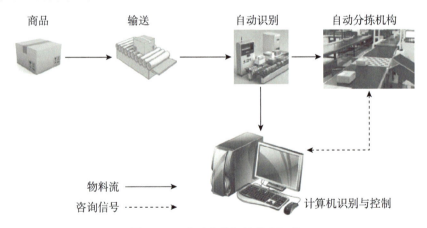

图 2-12 自动分拣机的基本组成

知识点 3：自动分拣机的类型

1. 交叉带分拣机

交叉带分拣机有很多形式，比较普遍的为一车双带式，即一个小车上面有两段垂直的皮带，既可以每段皮带上输送一个包裹，也可以两段皮带合起来输送一个包裹。

在两段皮带合起来输送一个包裹的情况下，可以通过分拣机两段皮带方向上的预动作，使包裹的方向与分拣方向相一致以减少格口的间距要求。

交叉带分拣机噪声低，可分拣货物的范围广，通过双边供包及格口优化可以实现单台最大能力2万件/小时。但其造价比较昂贵，维护费用高。直线交叉带分拣机如图2-13所示，环形交叉带分拣机如图2-14所示。

图2-13　直线交叉带分拣机　　　　图2-14　环形交叉带分拣机

2. 翻板式分拣机

翻板式分拣机通过托盘倾翻的方式将包裹分拣出去，单台最大能力可以达到1.2万件/小时。翻板式分拣机由托盘、倾翻装置、底部框架组成，倾翻分为机械倾翻及电动倾翻两种。翻板式分拣机如图2-15所示。

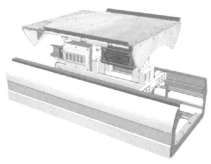

图2-15　翻板式分拣机

3. 滑块式分拣机

滑块式分拣机是一种形式特殊的条板输送机。输送机的表面由金属条板或管子构成，如竹席状，而在每个条板或管子上有一枚用硬质材料制成的导向滑块，能沿条板做横向滑动。平时滑块停止在输送机的侧边，滑块的下部有销子与条板下导向杆连接，由计算机控制。当被分拣的商品到达指定道口时，控制器使滑块有序地自动向输送机的对面一侧滑动，把商品推入分拣道口，从而被引出主输送机。这种方式是将商品侧向逐渐推出，并不冲击商品，故商品不容易损伤，它对分拣商品的形状和大小限制较小，是一种新型的高速分拣机。滑块式分拣机如图2-16所示。

图 2-16 滑块式分拣机

4. 挡板式分拣机

挡板式分拣机利用一个挡板（挡杆）挡住在输送机上向前移动的商品，将商品引导到一侧的滑道排出。挡板的另一种形式是以挡板一端作为支点，挡板可旋转。挡板动作时，像一堵墙挡住商品向前移动，利用输送机对商品的摩擦力，使商品沿着挡板表面移动，从主输送机上排出至滑道。平时挡板处于主输送机一侧，可让商品继续前移，如挡板做横向移动或旋转，则商品就排向滑道。挡板一般是安装在输送机的两侧，和输送机上平面不接触，即使在操作时也只接触商品而不触及输送机的输送表面，因此它对大多数形式的输送机都适用。挡板式分拣机如图 2-17 所示。

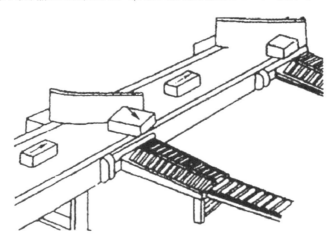

图 2-17 挡板式分拣机

5. 浮出式分拣机

常见的浮出式分拣机有胶带浮出式分拣机和辊筒浮出式分拣机等。

（1）胶带浮出式分拣机用于辊筒式主输送机上，将有动力驱动的两条/多条胶带或单根链条横向安装在主输送辊筒的下方。当分拣机结构接受指令启动时，胶带或链条向上提升，接触商品的底面把商品托起，并将其向主输送机一侧移出。胶带浮出式分拣机如图 2-18 所示。

（2）辊筒浮出式分拣机用于辊筒式或链条式的主输送机上，将一个或数十个有动力的斜向辊筒安装在主输送机表面下方，分拣机启动时，斜向辊筒向上浮起，接触商品底部，将商品斜向移出主输送机。辊筒浮出式分拣机如图 2－19 所示。

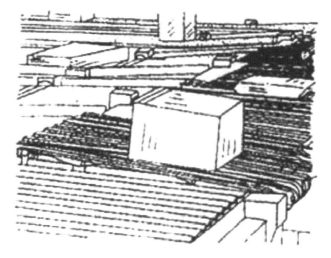

图 2－18　胶带浮出式分拣机

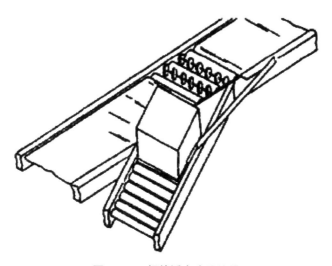

图 2－19　辊筒浮出式分拣机

6. 条板倾斜式分拣机

这是一种特殊的条板输送机，商品装载在输送机的条板上，当商品行走到需要分拣的位置时，条板的一端自动升起，使条板倾斜，从而将商品移离主输送机。商品占用的条板数随商品的长度而定，被占用的条板数如同一个单元，同时倾斜，因此，这种分拣机对商品的长度在一定范围内没有限制。条板倾斜式分拣机如图 2－20 所示。

7. 模组带分拣机

模组带自动分拣系统涉及上货、拉距、扫码、分拣及落格等几大部分，主要由输送皮带、模组带分拣机、读码器、滑槽及仓库控制系统（WCS）组成，主要应用于食品、服装、医药等行业的货物分拣，系统的核心部分为滚珠模组带，通过伺服驱动使万向滚珠带动商品产生横向位移，从而使商品落入计划格口。模组带分拣机如图 2－21 所示。

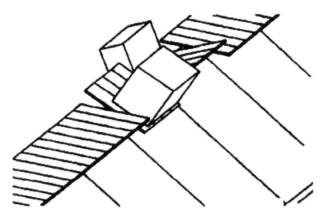

图 2 - 20　条板倾斜式分拣机

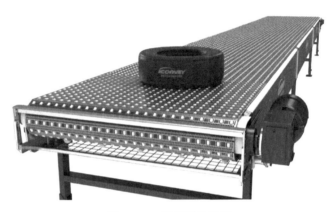

图 2 - 21　模组带分拣机

8. 摆轮分拣机

摆轮分拣机又名导轮分拣机、滚轮分拣机、斜轮分拣机，在物流分拣中应用越来越广泛。依据前端管理系统下发的命令，输送滚轮可不同角度地转换。摆轮分拣机可对通过的货物按区域、快递公司、客户渠道等进行自动分拣。摆轮分拣机如图 2 - 22所示。

图 2 - 22　摆轮分拣机

9. AGV 分拣机器人

AGV 分拣机器人指的是基于 AGV 完成自动分拣的一种新型分拣设备。AGV 分拣机器人如图 2-23 所示。

图 2-23　AGV 分拣机器人

知识点 4：主流自动分拣设备的性能

目前市场上主流的自动分拣设备包括交叉带分拣机、滑块式分拣机、翻板式分拣机、模组带分拣机、摆轮分拣机和 AGV 分拣机器人等。主流自动分拣设备的性能如表 2-4 所示。

表 2-4　　　　　　　　　　　主流自动分拣设备的性能

设备类型	性能特点	分拣物品	使用行业
交叉带分拣机	环形及直线形布局，分拣格口多	箱、盒、袋、软包、扁平件，物件规格适应性强	服装、医药等
滑块式分拣机	直线形布局，分拣格口数一般	箱、盒、袋，物件规格适应性一般	服装、医药等
翻板式分拣机	环形布局，分拣格口多	箱、盒、袋等，物件规格适应性差	快递公司、机场等
模组带分拣机	直线形布局，分拣格口数一般	箱、盒、袋、软包、扁平件，物件规格适应性强	服装、医药等
摆轮分拣机	直线形布局，分拣格口数一般	箱、盒、袋、软包、小件，物件规格适应性较好	快递、电商、商超等
AGV 分拣机器人	柔性布局，分拣格口数多	箱、盒、软包等	快递、电商等

知识点 5：自动分拣设备的选用原则

在选用自动分拣设备时，要根据仓库、配送中心的分拣方式、使用目的、作业条件、货物类别、周围环境等条件慎重选择。

1. 先进合理性原则

在当前高新技术不断发展的情况下，设备的先进性是选用时必须考虑的因素之一，只有先进的自动分拣设备，才能很好地完成现代分拣作业。否则，使用不久就需要更新换代，很难建立起行之有效的分拣作业机制。因此，在选用分拣设备时，要尽量选用能代表该类设备发展方向的机型。同时，设备的先进性是相对的，选用先进设备不能脱离国内外实际水平和自身的现实条件，应根据实际条件，具体问题具体分析，选用有效、能满足用户要求的设备。

2. 经济实用性原则

选用的分拣设备应具有操作和维修方便、安全可靠、能耗小、噪声低、能保证人身健康、提高经济效益、保证货物安全、投资少及运转费用低等优点。只有这样才能节省费用，采购到合适的设备。

3. 兼顾上机率和设备技术经济性原则

上机率是上机分拣的货物数量与该种货物总量之比。高的上机率必将要求上机分拣的货物的尺寸、质量、形体等参数尽量放宽，这将导致设备的复杂程度、技术难度及制造成本增加，可靠性降低。反之，上机率过低，必将影响设备的使用效果，增加手工操作的工作量，既降低了设备的性价比，又降低了分拣作业的效益。因此，必须根据实际情况，兼顾上机率和设备技术经济性，确定较为合理的上机率和允许上机货物的参数。

4. 相容性和匹配性原则

选用的分拣设备应与系统其他设备相匹配，并构成一个合理的物流程序，使系统获得最佳经济效果。有个别配送中心购置了非常先进的自动分拣设备，但自动分拣货物与人工装卸搬运货物极不匹配，因而，不可能提高分拣设备利用率，整体综合效益也不高。因此，在选用时，必须考虑相容性和协调性，使分拣环节与其他物流环节做到均衡作业，这是提高整个系统效率和保持货物分拣、配送作业畅通的重要条件。

5. 符合所分拣货物基本特性的原则

货物的物理性质、化学性质及其外部形状、重量、包装等千差万别，必须根据这些基本特性来选择分拣设备，如浮出式分拣机只能分拣包装质量较高的纸箱等。这样，才能保证货物在分拣过程中不受损失。

6. 适应分拣方式和分拣量需要的原则

分拣作业的效率取决于分拣量及设备自身的分拣能力，还与分拣方式密切相关。因此，在选择分拣设备时，先要根据分拣方式选用不同类型的分拣设备。再考虑分拣货物批量的大小，若批量较大，应配备分拣能力高的大型分拣设备，并可选用多台设备。而对于批量小的，宜采用分拣能力较弱的中小型分拣设备。还应考虑对自动化程度的要求，这样既能满足要求，又能发挥设备效率。

任务实施

阅读任务描述，回答以下问题：

1. 请根据任务描述，分析顺丰15分钟就能完成分拣全部流程的关键有哪些。

_____

_____

_____

_____

2. 请说出常见的自动分拣设备。

_____

_____

_____

_____

任务评价

完成上述任务后，教师组织三方进行评价，并对学生任务执行情况进行点评。学生完成表2-5的填写。

表 2-5   考核评价表

班级		团队名称		学生姓名	
团队成员					

	考评项目	分值	要求	学生自评（30%）	团队互评（30%）	教师评定（40%）
知识能力	掌握自动分拣机的构成	20分	掌握正确			
	掌握自动分拣机的类型	20分	掌握正确			
	掌握自动分拣设备的选用原则	30分	掌握正确			
职业素养	文明礼仪	10分	使用文明用语			
	团队协作	10分	相互协作			
	工作态度	10分	严谨认真			
成绩评定		100分				
心得体会						

 牛刀小试

牛刀小试
参考答案

一、单项选择题

1. （   ）由中央计算机控制，应用大量传感器、控制器和执行器，能够自动完成货品的进出库、装卸、分类、分拣、识别、计量等工作。

A. 物流功能性设施　　　　　　　B. 物流基础设施

C. 物流技术装备　　　　　　　　D. 智能分拣输送设备

2. 智能分拣输送设备是运用（   ）、自动识别、智能控制技术，根据计算机指令或进行自主判断，实现物流分拣输送自动化、智能化运作的机械设备。

A. 信息感知　　　　　　　　　　B. 图像识别

C. 条码识别　　　　　　　　　　D. 人工识别

3. （   ）的作用是识别、接收和处理分拣信号，根据分拣信号的要求指示分类装置，按商品品种、商品送达地点或货主的类别对商品进行自动分类。

A. 控制装置　　　　　　　　　　B. 分类装置

C. 输送装置　　　　　　　　　　D. 分拣道口

4. （   ）是由控制装置发出分拣指示，当具有相同分拣信号的商品经过该装置时，该装置执行动作，使商品改变在输送装置上的运行方向，进入其他输送机或进入分拣道口。

A. 控制装置　　　　　　　　　　B. 分类装置

C. 输送装置　　　　　　　　　　D. 分拣道口

5. （   ）的主要组成部分是传送带或输送机，其主要作用是使待分拣商品鱼贯通过控制装置、分类装置。

A. 控制装置　　　　　　　　　　B. 分类装置

C. 输送装置　　　　　　　　　　D. 分拣道口

二、判断题

1. 交叉带分拣机噪声低、可分拣货物的范围广，但造价比较昂贵，维护费用高。（   ）

2. 翻板式分拣机由托盘、倾翻装置、底部框架组成。（   ）

3. 滑块式分拣机是一种特殊形式的翻板式分拣机。（   ）

4. 分拣货物的物理性质、化学性质及其外部形状、重量、包装等特性千差万别，选择分拣设备不必都考虑。（   ）

5. 分拣作业的生产效率取决于分拣量及设备自身的分拣能力，与分拣方式无关。（   ）

模块二 智能运输与配送设备

学习目标

◎ 知识目标

（1）了解无人驾驶汽车的含义。

（2）了解无人机的含义。

（3）掌握无人驾驶汽车的功能。

（4）掌握无人驾驶汽车的特点。

（5）掌握无人机在物流领域应用的优劣。

（6）了解无人机的应用范围。

◎ 能力目标

（1）能够利用无人驾驶汽车配送的关键模块合理调配车辆。

（2）能够通过无人驾驶汽车配送的应用方向正确选择无人驾驶汽车。

（3）能够通过无人机的应用范围合理选择无人机。

（4）能够通过无人机的优劣合理调配无人机。

◎ 思政目标

（1）结合我国物流行业的发展历程，融入中华优秀传统文化元素，如古代物流智慧，培养学生的文化自信。

（2）培养学生树立正确的价值观和职业道德观念。

（3）培养学生的社会主义核心价值观，增强学生的社会责任感。

知识图谱

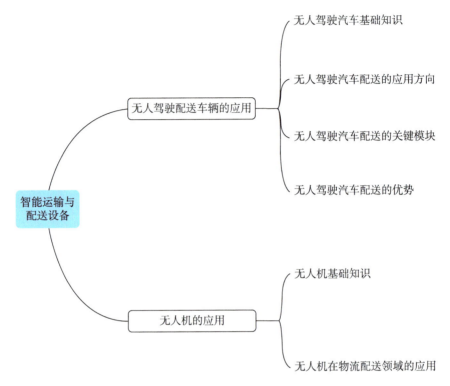

智能运输与配送设备
- 无人驾驶配送车辆的应用
  - 无人驾驶汽车基础知识
  - 无人驾驶汽车配送的应用方向
  - 无人驾驶汽车配送的关键模块
  - 无人驾驶汽车配送的优势
- 无人机的应用
  - 无人机基础知识
  - 无人机在物流配送领域的应用

案例导入

　　统计数据显示，2024 年我国的快递业务量已突破 1700 亿件。一边是快速增长的快递业务量，另一边是越来越"迫不及待"取包裹的消费者。近几十年来，机器人技术作为一种重要的技术，发展迅速，越来越多的企业开始尝试利用机器人技术来实现自动化生产和服务。然而，物流行业的自动化发展仍处于萌芽阶段，大多数企业仍需要靠传统的物流方式来进行物品的运输。这就促使快递行业必须思考和解决一个难题——如何让海量包裹更快更好地送达每一个消费者手中。而为了解决这一难题，无人驾驶配送车辆与无人机就成为零售巨头与物流企业的一个重要选项。

　　当下，中国经济正在转换"新引擎"，无人驾驶配送车辆及无人机物流配送兼具物流业和自动化的特点，无人驾驶配送车辆及无人机应用于物流配送具有很大的潜力，是物流业未来的发展趋势。这两种方式在受限制较少、条件较好的地点应用是可行的。开展试点可逐步探索这两种方式在物流配送中的盈利模式；同时不断积累运行经验，形成统一的运行标准，使运行能力和技术标准满足相关运行要求。这样可以保持无人驾驶配送车辆及无人机发展不掉队，具备可以随时切入市场的能力；还可以为无人驾驶配送车辆及无人机未来进入市场积累运行经验，为将来大规模的复制与推广打下坚实的基础。

任务一　无人驾驶配送车辆的应用

 ## 任务描述

近年来，随着无人配送应用的普及，投融资已经完成全产业链关键布局。2023 年上半年我国无人配送相关企业公开的重要投融资超过 10 起，披露的融资金额超过 17 亿元，虽然与 2022 年相比，同期事件数量和金额有所减少，投资更加理性和谨慎，但对核心零部件的投资呈增多趋势。无人配送车方面，初创巨头发展较快，但也有新企业陆续进入，目前该领域的规模化效应仍不明显；对于自建运营场景的互联网巨头公司而言，正在出现选择分化趋势。美团、京东等通过配股和发债券等方式募集资金，持续扩大投入范围和规模，而一些企业在商业化尚不明朗的情况下，放缓了研发脚步。

要求：认真阅读案例导入，分别从技术及作用的角度进行分析，完成"任务实施"中提出的问题。

 ## 知识链接

知识点 1：无人驾驶汽车基础知识

一、基本含义

无人驾驶汽车是融合传统交通技术与先进智能交通等多领域技术的智能体，通过车载系统与路边系统的完全融合，在复杂的路况下，通过充分的感知，实现高度精准的处理和判断、便捷的控制与反馈，一气呵成地实现完整的行驶过程，实现在无具体驾驶人员人工操作条件下的完全自主驾驶。所以，无人驾驶汽车，作为一个系统，不仅是对移动体（汽车）实现信息采集、通信传输、处理分析、反馈控制等一系列功能的集成，也是路边侧相关设备与体系的多功能的整合与集成，由此，无人驾驶汽车可理解为在充足能源支撑条件下，形成的限定区域内具有自主操作和控制能力的智能移动体，它与道路基础设施等一起构成完整的体系。

从狭义角度而言，无人配送物流指通过无人机、无人车（含自动驾驶车辆）等无人化装备实施配送服务。从广义角度而言，无人配送物流是指利用无人驾驶技术，完成从仓库出货环节到顾客收到货物的物流配送全过程，无人配送物流可有效提高物流运输效率，解决长途干线运输与"最后一公里"的物流问题。

二、无人驾驶汽车的特点（见表 2-6）

表 2-6　　　　　　　　　　　　无人驾驶汽车的特点

安全性	便利性	智能化
通过数字化、信息化的智能运转，无人驾驶汽车能精确感应周围的事物并及时做出反应，发生安全事故的概率大大降低。无人驾驶汽车可以检测人类的状况，当人类疲劳驾驶时，无人驾驶汽车就会自动接替人类的驾驶，避免发生事故	无人驾驶汽车解放了人类的双手，不需要驾驶员控制，汽车便能通过自身导航到达目的地	当选定目的地后，无人驾驶汽车会利用导航系统规划最佳路线，到达目的地后，汽车会选定停车位自动停车

三、无人驾驶汽车的功能（见表 2-7）

表 2-7　　　　　　　　　　　　无人驾驶汽车的功能

代替驾驶员进行驾驶	规划最优路线	无人驾驶汽车能分析驾驶员及乘客的状态
乘客或驾驶员只需要选定目的地，就可以完全让无人驾驶汽车自动驾驶，与普通汽车相比更便利	利用导航系统进行路线规划，可以有效避免交通拥堵或路线过长的问题，以最快最安全的方式到达目的地	当驾驶员疲劳驾驶时，汽车会先警告驾驶员，接着接替驾驶员进行自动驾驶

四、无人配送的核心要素（见表 2-8）

表 2-8　　　　　　　　　　　　无人配送的核心要素

高精度的地图数据	智能导航系统	智能规划系统
无人机或无人驾驶汽车在配送过程中需要依赖高精度的地图数据，以确保车辆按照安全路线完成货物配送	无人驾驶汽车需要内置智能全球导航系统和传感器设备，以感知前方路线是否存在障碍，并避免在物流配送期间发生交通事故	为提高物流配送效率，无人驾驶汽车应具备智能规划系统，根据所配送的货物特性，规划最短路线，精准停留于配送点，并等待客户取货

知识点 2：无人驾驶汽车配送的应用方向

　　我国无人驾驶汽车通过细分应用场景，加速规模化、商业化落地。物流领域，无人驾驶汽车可用于无人配送。无人配送应用主要集中在快递配送、商超配送、移动零售、餐饮配送和城市服务五种细分场景中，由于各细分场景的特点不同，对车辆性能、参数等要求具有明显差异。无人驾驶汽车配送的应用方向如图 2-24 所示。

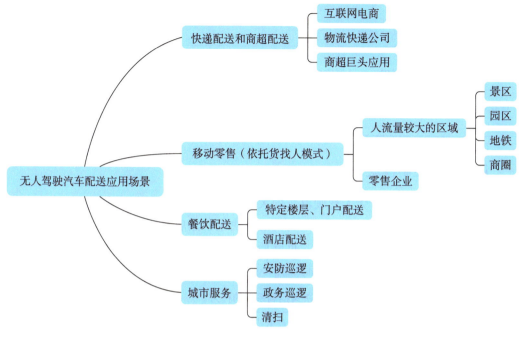

图 2 - 24　无人驾驶汽车配送的应用方向

知识点 3：无人驾驶汽车配送的关键模块

一、环境感知模块

环境感知模块相当于无人驾驶汽车的眼和耳，无人驾驶汽车通过环境感知模块来辨别自身周围的环境信息，为其行为决策提供信息支持。环境感知包括无人驾驶汽车自身位姿感知和周围环境感知两部分。

二、导航定位模块

无人驾驶汽车的导航定位模块用于确定无人驾驶汽车其自身的地理位置，是无人驾驶汽车路径规划和任务规划的支撑。导航可分为自主导航和网络导航两种。

三、路径规划模块

路径规划模块是无人驾驶汽车信息感知和智能控制的桥梁，是实现自主驾驶的基础。路径规划分为全局路径规划和局部路径规划，其任务是在具有障碍物的环境内按照一定的评价标准，寻找一条从起始状态（包括位置和姿态）到目标状态的无碰路径，如表 2 - 9 所示。

表 2 - 9   路径规划分类

全局路径规划	局部路径规划
在已知地图的情况下，利用已知局部信息，如障碍物位置和道路边界，确定可行和最优的路径，它把优化和反馈机制很好地结合起来	在全局路径规划生成的可行驶区域指导下，依据传感器感知到的局部环境信息来决策无人平台当前前方路段所要行驶的轨迹，全局路径规划针对周围环境已知的情况，局部路径规划适用于环境未知的情况

四、决策控制模块

决策控制模块相当于无人驾驶汽车的大脑，其主要功能是依据感知系统获取的信息来进行决策判断，进而对下一步的行为进行决策，然后对车辆进行控制。决策控制技术主要包括模糊推理、强化学习、贝叶斯网络等技术，决策控制系统的行为分为反应式控制、反射式控制和综合式控制三种，如表 2 - 10 所示。

表 2 - 10   决策控制系统的行为

反应式控制	反射式控制	综合式控制
反应式控制是一个反馈控制的过程，根据车辆当前位姿与期望路径的偏差，不断调节方向盘转角和车速，直到到达目的地	反射式控制是一种低级行为，用于对行进过程中的突发事件做出判断，并迅速做出反应	综合式控制在反应层中加入机器学习模块，将部分决策层的行为转化成基于传感器的反应层行为，从而提高系统的反应速度

知识点 4：无人驾驶汽车配送的优势

一、提高物流效率

随着我国道路交通建设与物流行业的发展，目前配送物流效率已达到行业天花板，要想提高物流效率，可从建设大型货运基地与解决"最后一公里"问题两个方面入手。基于无人驾驶技术构建无人配送物流服务体系，是解决"最后一公里"问题的有效方案，可简化物流配送环节，显著提高物流效率。

二、降低物流成本

在无人配送物流服务体系中，物流企业可利用无人驾驶技术通过小型无人机、无人配送车或无人货运机进行货物配送，推动配送物流服务的集约化、标准化发展，降低配送物流服务对人的依赖，提高效率，进而降低成本。

三、减少人力应用

目前，物流配送服务以人工配送为主，随着电商的发展，物流配送量逐年增多，为满足区域货物配送要求，物流企业不得不加大人力投入，在一定程度上提高了成本，影响效益，也会使配送物流服务受人为因素的影响，降低服务质量。基于无人驾驶技术的无人配送物流服务体系，可由无人机、无人配送车等设备替代物流人员完成配送服务，减少人力应用，避免物流企业因人员问题降低服务质量。

四、提供增值服务

在无人驾驶技术的支持下，无人配送物流服务可打破交通、人力及地理条件等限制，为用户提供增值服务，如在紧急状况下为用户投递所需产品。

任务实施

阅读任务描述，回答以下问题：

1. 请根据任务描述，分析无人驾驶汽车配送的关键模块及未来在配送行业的发展前景。

_____

_____

_____

_____

2. 请指出无人驾驶汽车应用于运输、配送行业的好处。

_____

_____

_____

_____

3. 各组进行角色扮演，完成无人驾驶配送流程的规划，并提交详细方案。

_____

_____

_____

_____

任务评价

完成上述任务后，教师组织三方进行评价，并对学生任务执行情况进行点评。学生完成表 2-11 的填写。

表 2－11　　　　　　　　　　　考核评价表

班级			团队名称		学生姓名	
团队成员						
考评项目		分值	要求	学生自评（30％）	团队互评（30％）	教师评定（40％）
知识能力	了解无人驾驶汽车在运输与配送领域的应用	30分	了解全面			
	掌握无人驾驶汽车的特点及关键模块	20分	掌握准确			
	能够正确规划无人驾驶汽车的运行轨迹	20分	规划正确			
职业素养	文明礼仪	10分	使用文明用语			
	团队协作	10分	相互协作			
	工作态度	10分	严谨认真			
成绩评定		100分				
心得体会						

牛刀小试

牛刀小试
参考答案

一、单项选择题

1.（　　）是融合传统交通技术与先进智能交通等领域技术的智能体。

A. 无人驾驶汽车　　B. 自动驾驶汽车　　C. 人工驾驶汽车　　D. 汽车

2. 从（　　）角度而言，无人配送物流指通过无人机、无人车（含自动驾驶车辆）等无人化装备实施配送服务。

A. 狭义　　　　　　B. 他人　　　　　　C. 广义　　　　　　D. 个人

3. 无人驾驶汽车特点中的（　　）指无人驾驶汽车解放了人类的双手，不需要驾驶员控制，汽车便能通过自身导航到达目的地。

A. 安全性　　　　　B. 便利性　　　　　C. 智能化　　　　　D. 普遍性

4. 无人驾驶汽车核心要素中的（　　）指内置的智能全球导航系统和传感器设备，

以感知前方路线是否存在障碍，并避免在物流配送期间发生交通事故。

  A. 高精度地图数据   B. 智能规划系统

  C. 高精度定位系统   D. 智能导航系统

  5. 无人驾驶汽车应用中城市服务领域不包含以下的哪一项？（ ）

  A. 安防巡逻   B. 政务巡逻   C. 酒店配送   D. 清扫

  6. 无人驾驶的关键模块中的环境感知模块相当于无人驾驶配送车的（ ）和耳。

  A. 鼻子   B. 眼睛   C. 嘴巴   D. 手臂

  7. 无人驾驶的关键模块中包含路径规划模块，路径规划模块是无人驾驶汽车信息感知和智能控制的桥梁，是实现（ ）的基础。

  A. 自动驾驶   B. 人为驾驶   C. 操控驾驶   D. 自主驾驶

  8. 我国无人驾驶汽车通过细分应用场景，加速（ ）、商业化落地。

  A. 智能化   B. 自动化   C. 规模化   D. 创新化

二、多项选择题

  1. 无人驾驶汽车的特点包含（ ）。

  A. 安全性   B. 便利性   C. 智能化   D. 普遍性

  2. 无人配送的核心要素包含（ ）。

  A. 高精度的地图数据   B. 智能规划系统

  C. 高精度定位系统   D. 智能导航系统

  3. 无人驾驶汽车的应用领域包括（ ）。

  A. 物流领域   B. 环卫领域   C. 消防领域   D. 工程领域

  4. 无人驾驶汽车配送的关键模块包含（ ）。

  A. 环境感知模块   B. 导航定位模块   C. 路径规划模块   D. 决策控制模块

  5. 导航定位模块中的导航可分为（ ）。

  A. 自主导航   B. 绝对定位   C. 组合定位   D. 网络导航

  6. 路径规划模块是无人驾驶汽车信息感知和智能控制的桥梁，是实现自主驾驶的基础。路径规划分为（ ）。

  A. 全局路径规划   B. 路径预测   C. 智能控制   D. 局部路径规划

三、判断题

  1. 环境感知模块相当于无人驾驶汽车的眼和耳，无人驾驶汽车通过环境感知模块来辨别自身周围的环境信息，为其行为决策提供信息支持。（ ）

  2. 导航定位模块中导航可分为自主导航和网络导航两种。（ ）

  3. 路径规划模块是无人驾驶汽车信息感知和智能控制的桥梁，目前不能实现自主驾驶。（ ）

  4. 无人配送应用主要集中在快递配送、商超配送、移动零售、餐饮配送和城市服务五种细分场景中，由于各细分场景特点不同，对车辆性能、参数等要求没有太明显

差异。（　　）

5.从狭义角度而言，无人配送物流是指利用无人驾驶技术，完成从仓库出货环节到顾客收到货物的物流配送全过程，无人配送物流可有效提高物流运输效率。（　　）

任务二　无人机的应用

 ## 任务描述

中国民用航空局批准无人机运营企业分别在两个地区开展无人机物流配送业务。在试点期间，运营企业在这两个试点地区先后开辟了259条航线，无人机运行14万架次，配送各类物资达520多吨，对当地农户直接增收300余万元，同时也解决了当地农户100多个就业岗位。

要求：请以项目组为单位，认真阅读案例导入，完成"任务实施"中提出的问题。

 ## 知识链接

知识点1：无人机基础知识

一、含义

无人机是一种可以控制并且能够执行任务的无人航空器，可广泛应用于各种领域。近年来，无人机在民用方面逐渐得到广泛应用，可应用于环境保护、交通、气象、影视拍摄、公共安全、物流运输及应急救援等领域。

从技术角度，无人机可分为固定翼无人机、旋翼无人机、无人飞艇等。

二、无人机应用范围

无人机应用范围如图2-25所示。

三、无人机的发展现状

"无人机"这一概念自出现以来，曾因各种原因一度被人否认，然而，随着科技水平的不断提高以及各种条件的不断完善，"无人机"的定义和应用也变得清晰且易于实现。在战争背景下，各种危险不断增加，尤其是侦察敌情的时候，近距离靠近敌方更加危险。因此，无人机技术再次被人提起，无人机技术真正发展起来，主要用于侦察敌情。随着科技的发展，自动化、智能化时代的到来，无人机在各个领域都找到了广泛的应用场景，其定义和应用范围也不断扩大，从而真正进入高速发展的阶段。

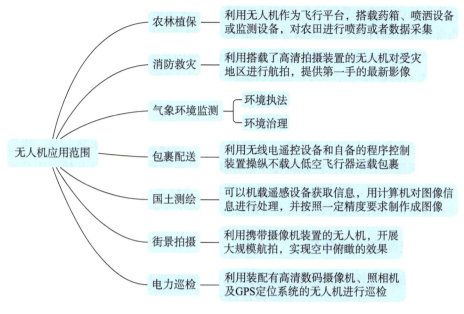

图 2 - 25　无人机应用范围

知识点 2：无人机在物流配送领域的应用

无人机应用范围如图 2 - 26 所示。

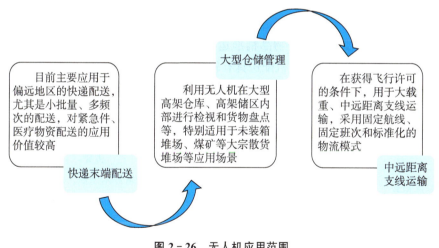

图 2 - 26　无人机应用范围

一、物流无人机

物流无人机配有 GPS 自控导航系统、GPS 接收器、各种传感器及无线信号发收装置。物流无人机具有 GPS 自控导航、定点悬浮、人工控制等多种飞行模式，集成了三轴加速度计、三轴陀螺仪、磁力计、气压高度计等多种高精度传感器和先进的控制算法。同时配有黑匣子，以记录状态信息，还具有失控保护功能，当无人机进入失控状态时，将自动保持精确悬停，失控超时将就近飞往快递集散分点。

物流无人机通过 4G/5G 网络或无线电通信遥感技术与调度中心进行数据传输，实时向调度中心发送地理坐标和状态信息，接收调度中心发送的指令，接收到目的坐标后采用 GPS 自控导航模式飞行，到达目的地上空后采用精准降落技术降落。

二、无人机快递系统

无人机快递系统主要由无人机、自助快递柜、快递盒、快递集散分点、快递集散基地及区域调度中心组成。区域调度中心用无人机派件到快递集散基地，物品经过分类运至快递集散分点，无人机可在快递集散分点维修充电，接着将物品发往各区域，物品放置在标准化的快递盒中，由无人机配送到指定地点。

三、物流配送方式分析

电商行业的崛起推动物流行业快速发展，目前物流末端的配送方式有面包车、电动三轮车、摩托车、中型货车、大型货车和无人机等。与其他配送方式相比，无人机灵活、高效、速度快，但成本相对较高，没有应变性。

四、无人机配送可行性分析

快递行业的迅速发展推动物流水平的提高，无人机的引进满足了客户提出的配送时间短、效率高等要求，对于偏远地区，若由快递员配送耗时耗财耗物，无人机配送则不受地形和交通的影响，直线配送，大大缩短了快递在途时间。目前，无人机技术正在不断完善，现有技术能保证物品精准运输，对于偏远地区，无人机配送成本比普通物流成本低，因此，采用无人机配送具有较强的可行性。

五、无人机在物流行业应用的优劣势（见表 2 - 12）

表 2 - 12　　　　　　　　　　无人机在物流行业应用的优劣势

优势	劣势
无人机配送相较于传统物流而言，速度快、效率高。这主要是因为无人机采用直线运输，不受地面交通状况影响	无人机的政策环境并不明朗，行业标准也一直空缺，考虑到无人机飞行对居民、民航等方面的影响，各国对无人机飞行的限制很大，难以完全放开，这也是制约无人机发展的主要因素
无人机配送具有独特的空间优势，适合在传统物流不方便的区域作业，例如，在地震灾区配送急救物资或者在偏远山区、湖区等区域进行物流配送作业	无人机的发展处于初级阶段，诸多技术尚未成熟。工业级无人机大多仍为轻小型无人机，在物流行业仍未起到颠覆性的创新作用
无人机配送成本远低于传统物流。无人机的主要能源是电力，从环保的角度和经济的角度都优于燃油汽车，同时无人机对人力的要求低，一名操作员可同时操作十余架无人机	无人机前期需要大量资金投入，既包括无人机的研发成本，也包括无人机自身的生产成本

续表

优势	劣势
无人机更适应未来智能物流的发展趋势，一项对全球供应链技术的调研报告和专家访谈的数据显示，无人机未来增长趋势迅猛，同时无人机也满足未来智能物流的感应、互联、智能三个方面的主要需求	

 任务实施

阅读任务描述，回答以下问题：

1. 请根据任务描述，分析无人机在物流领域的应用给物流行业带来了哪些发展。

_____

_____

_____

_____

2. 请根据任务描述，分析物流无人机在试点地区可能成功的原因。

_____

_____

_____

_____

3. 请根据任务描述，分析物流无人机发展须注意的事项及解决措施。

_____

_____

_____

_____

 任务评价

完成上述任务后，教师组织三方进行评价，并对学生任务执行情况进行点评。学生完成表 2 - 13 的填写。

表 2 - 13　　　　　　　　考核评价表

班级		团队名称		学生姓名	
团队成员					

考评项目		分值	要求	学生自评（30%）	团队互评（30%）	教师评定（40%）
知识能力	掌握无人机的应用范围	30 分	掌握准确			
	分析无人机在物流领域应用的优势	20 分	分析完整			
	了解无人机快递系统	20 分	了解准确			
职业素养	文明礼仪	10 分	使用文明用语			
	团队协作	10 分	相互协作			
	工作态度	10 分	严谨认真			
成绩评定		100 分				
心得体会						

牛刀小试

牛刀小试
参考答案

一、单项选择题

1. 应用于（　　）时，以无人机作为飞行平台，搭载药箱、喷洒设备或者监测设备，对农田进行喷药或者数据采集。

A. 农林植保　　　　B. 消防救灾　　　　C. 包裹配送　　　　D. 国土测绘

2. （　　）用于气象环境监测时，主要是以遥感技术作为航空遥感手段，具有续航时间长的优点。

A. 无人配送车　　　B. 无人机　　　　C. 探测仪　　　　D. 有人机航空

3. 电力巡检时，利用装配有高清数码摄像机、照相机及（　　）定位系统的无人机进行巡检。

A. GPS　　　　　　B. GIS　　　　　　C. JIT　　　　　　D. DEN

4. （　　）已经实现园区配送、清洁和无人零售等。

A. 成本方面　　　　　　　　　B. 场景应用方面

C. 法律政策方面　　　　　　　D. 技术方面

5. 下列关于无人机的说法，错误的是 （　　　）。

A. 无人机的成本相对较高

B. 对于偏远地区而言，无人机的配送成本比普通物流要高

C. 无人机不受地形和交通的影响

D. 无人机的主要能源是电力

二、多项选择题

1. 以下属于无人机适用范围的有 （　　　）。

A. 农林植保　　　　　B. 消防救灾　　　　　C. 包裹配送　　　　　D. 国土测绘

2. 下列关于无人机在物流行业应用的优势，说法正确的是 （　　　）。

A. 无人机配送速度快　　　　　　　　B. 无人机配送不受地面交通状况影响

C. 无人机配送不能到偏远地区　　　　D. 无人机的主要能源是电力

3. 下列关于无人机在物流行业应用的劣势，说法正确的是 （　　　）。

A. 无人机的使用需要投入大量资金　　B. 无人机生产成本较低

C. 政策对无人机飞行的限制很大　　　D. 无人机技术尚不成熟

三、判断题

1. 街景拍摄工作原理是利用携带摄像机装置的无人机，开展大规模航拍，实现空中俯瞰的效果。（　　）

2. 无人机可应用于电力巡查。（　　）

3. 无人机配送不受地形和交通的影响，大大缩短了快递在途时间。（　　）

模块三 智能包装与流通加工设备

学习目标

◎ 知识目标

（1）了解自动装箱机的主要组成部分。

（2）掌握自动装箱机的工作流程。

（3）了解自动封箱机的主要组成部分。

（4）掌握自动封箱机的维护保养方法。

（5）了解自动打包机的主要组成部分。

（6）掌握自动打包机的维护保养方法。

（7）掌握自动打包机的操作方法。

（8）掌握自动缠绕机的维护保养方法。

◎ 能力目标

（1）能够操作自动装箱机。

（2）能够维护与保养自动封箱机。

（3）能够操作自动打包机。

（4）能够维护与保养自动打包机。

（5）能够维护与保养自动缠绕机。

◎ 思政目标

（1）培养学生爱岗敬业的精神和诚信服务的意识。

（2）培养学生生态环保的意识。

（3）展现中国智慧物流装备从"跟跑"到"领跑"的跨越，增强学生对国产技术的信心。

知识图谱

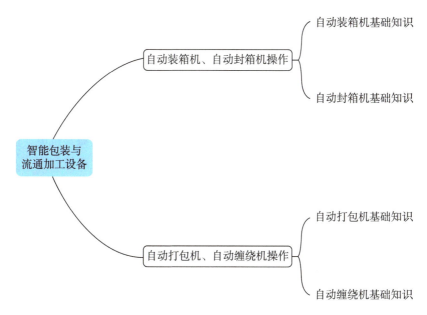

案例导入

自动包装设备项目旨在研发和生产一种高效、智能、精准的包装设备，以满足现代工业生产对产品快速、高质量包装的需求。随着市场竞争的加剧和消费者对产品品质要求的提高，传统的手工包装方式已经无法满足企业大规模生产的要求。自动包装设备能够显著提高包装效率，保证包装质量的一致性，并降低人力成本和劳动强度。

目前，自动包装设备市场现状可概括为以下几点：①市场规模持续扩大，随着各行业对自动包装设备的需求不断增加，市场规模有望继续扩大。②技术水平不断提高，自动包装设备的性能和功能在不断提升。③应用领域广泛，自动包装设备广泛应用于食品、医药、日用品、电子产品等多个行业。

自动包装设备发展趋势包括以下几点：①自动化需求增加，制造业对自动化、智能化和可持续发展的要求不断提高，自动包装设备可以提高生产效率，降低人工成本。②行业应用广泛，自动包装设备在各个行业中都有较大的市场需求。③提高包装效率和质量，自动包装设备采用先进的技术和系统，能够实现快速、准确和一致的包装过程。④节约成本和资源，自动包装设备可以减少人工操作和人力资源成本，有效利用生产线上的空间，提高能源利用率，降低生产成本。⑤技术创新和智能化发展，自动包装设备正朝着更智能化和自动化的方向发展，以适应市场变化和个性化需求。⑥环保和可持续发展，自动包装设备可以减少对环境的影响和资源的消耗，实现可持续发展和绿色包装。

任务一　自动装箱机、自动封箱机操作

 任务描述

　　上海某小袋产品生产厂商面临小袋产品自动装箱的难题，上海某机电科技有限公司为其设计了一款小袋包装全自动装箱生产线。该生产线利用伺服控制技术的可编程性，解决了小袋包装产品装袋、装箱效率低的问题，同时也克服了现有装箱机单纯靠机械传动和定位的弊端。

拓展视频

　　要求：请以项目组为单位，认真阅读案例导入，分别从技术特点、效率和准确率、服务提升等方面进行分析，完成"任务实施"中的问题。

知识链接

知识点1：自动装箱机基础知识

一、工作原理

　　自动装箱机通过一系列的机械机构，如输送带、推板等，将产品按照一定的排列方式和数量准确地装入箱子中。

二、主要组成部分

　　①输送系统：包括进料输送带和出料输送带，负责产品的输入和输出。
　　②抓取或推送装置：用于将产品放入箱子。
　　③箱子供给系统：提供空箱子。
　　④控制系统：对整个装箱过程进行精确控制和协调。

三、功能特点

　　①高效快速：能大大提高装箱效率，节省人力和时间。
　　②精准定位：确保产品在箱子中的位置准确无误。
　　③适应性强：可以适应不同形状、大小和类型的产品及箱子。
　　④可调节性：能根据实际需求调整装箱参数。

四、应用领域

　　自动装箱机广泛应用于食品、医药、日化、电子等众多行业的产品包装生产线。

五、优势

①降低人工成本。

②提升包装质量的一致性。

③有利于实现连贯的自动化生产流程。

六、工作流程

①产品通过输送带等传送装置被输送至装箱机的指定位置。

②箱子供给系统将空箱子准备好并放置在合适的位置。

③装箱机的抓取或推送装置会根据设定的程序和规则，将排列好的产品准确地抓取放入或推进箱子中。在装箱过程中，可能会有一些整理和调整动作，以确保产品在箱子内的摆放方式符合要求。

④完成装箱后，装满产品的箱子会被输送到后续的处理环节，如封口、码垛等。

整个过程由控制系统精确协调和监控，保障工作顺畅高效进行。不同类型和型号的自动装箱机在具体细节上会有所差异，但基本流程大致如此。

七、常见的自动装箱机类型

①跌落式装箱机：产品从一定高度自由跌落到箱子中。

②抓取式装箱机：利用机械抓手抓取产品进行装箱。

③推板式装箱机：通过推板将产品推入箱子。

④侧推式装箱机：从侧面推动产品进入箱子。

⑤组合式装箱机：结合多种装箱方式，适应不同情况。

⑥机器人装箱机：由工业机器人完成装箱动作，灵活性较高。

自动装箱机如图 2－27 所示。

知识点 2：自动封箱机基础知识

一、工作原理

自动封箱机主要依靠输送带将待封箱的纸箱输送至指定位置，然后通过机械装置将胶带压贴在纸箱的封口处，实现封箱。

二、主要组成部分

①输送系统：确保纸箱平稳、准确地移动到封箱位置。

②封箱机构：包括胶带放置和粘贴装置，负责将胶带准确地贴在纸箱封口上。

③控制系统：用于设定和调整封箱参数，如胶带长度、封箱速度等。

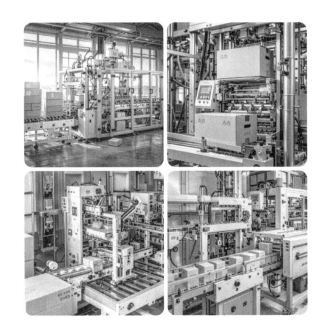

图 2 - 27　自动装箱机

三、功能特点

①操作简便，易于上手。
②封箱速度快，效率高。
③封箱效果美观、牢固。

四、应用领域

自动封箱机广泛应用于食品、日化、电子、医药等行业的产品包装环节，对已经完成装箱的纸箱进行封口处理。

五、常见的自动封箱机类型

①按照胶带粘贴位置可分为：顶部封箱机、底部封箱机、侧面封箱机等。
②按照纸箱尺寸适应能力可分为：固定尺寸封箱机和可调节尺寸封箱机。

六、维护与保养

①定期清洁设备，防止灰尘和杂物影响运行。
②检查胶带供应是否顺畅，及时更换磨损的部件。
③对传动部件进行润滑，保证设备运行平稳。
自动封箱机如图 2 - 28 所示。

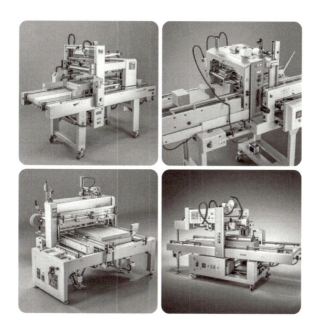

图 2 - 28 自动封箱机

🎯 任务实施

阅读任务描述，回答以下问题：

1. 请根据任务描述，分析自动装箱机如何提升小袋产品装袋和装箱的效率与准确率。

_____

_____

_____

_____

2. 请通过网络查询相关资料，详细介绍一下自动装箱机的发展趋势。

_____

_____

_____

_____

3. 各组进行角色扮演，为上海某小袋产品生产厂商制作一份详细的优化物流自动装箱机布局的方案。

_____

_____

_____

_____

任务评价

完成上述任务后，教师组织三方进行评价，并对学生任务执行情况进行点评。学生完成表 2－14 的填写。

表 2－14 　　　　　　　　考核评价表

班级		团队名称		学生姓名	
团队成员					
考评项目		分值	要求	学生自评（30％）	团队互评（30％）	教师评定（40％）
知识能力	掌握自动装箱机的工作原理	20 分	掌握准确			
	掌握自动封箱机的工作原理	20 分	掌握准确			
	掌握自动装箱机与自动封箱机的功能特点	30 分	掌握准确			
职业素养	文明礼仪	10 分	使用文明用语			
	团队协作	10 分	相互协作			
	工作态度	10 分	严谨认真			
成绩评定		100 分				
心得体会						

 牛刀小试

牛刀小试
参考答案

一、单项选择题

1.（　　）通过一系列的机械机构，如输送带、推板等，将产品按照一定的排列方式和数量准确地装入箱子中。

A. 自动装箱机　　　B. 自动封箱机　　　C. 自动打包机　　　D. 智能打包机

2.（　　）包括进料输送带和出料输送带，负责产品的输入和输出。

A. 输送系统　　　B. 抓取或推送装置　　C. 箱子供给系统　　　D. 控制系统

3. 自动装箱机（　　），可以适应不同形状、大小和类型的产品及箱子。

A. 高效快速　　　B. 精准定位　　　C. 适应性强　　　　D. 可调节

4.（　　）是常见的自动装箱机，产品从一定高度自由跌落到箱子中。

A. 跌落式装箱机　　B. 抓取式装箱机　　C. 推板式装箱机　　D. 侧推式装箱机

5. 用于设定和调整封箱参数的是自动封箱机的（　　）。

A. 输送系统　　　　B. 封箱机构　　　　C. 控制系统　　　　D. 供给系统

二、多项选择题

1. 自动装箱机的主要组成部分包括（　　）。

A. 输送系统　　　　B. 抓取或推送装置　C. 箱子供给系统　　D. 控制系统

2. 自动装箱机的功能特点包括（　　）。

A. 高效快速　　　　B. 精准定位　　　　C. 适应性强　　　　D. 可调节性

3. 常见的自动装箱机类型有（　　）。

A. 跌落式装箱机　　B. 抓取式装箱机　　C. 推板式装箱机　　D. 侧推式装箱机

三、判断题

1. 自动装箱机能够适用于所有形状和尺寸的包装箱。（　　）

2. 自动封箱机在封箱过程中，封箱胶带的长度是自动调整的，无须人工干预。（　　）

四、简答题

1. 简述自动装箱机的工作流程。

2. 简述自动封箱机的维护与保养。

任务二　自动打包机、自动缠绕机操作

📖 任务描述

广州某大型电商仓库，每天需要处理成千上万的商品包裹。在引入自动打包机之前，人工打包效率低下，容易出错，且劳动强度大。

自动打包机投入使用后，根据预设的程序，能够快速识别不同尺寸的包裹，并选择合适的打包材料（如纸箱、塑料袋、胶带等）进行自动打包。同时，机器还能自动打印快递单并粘贴在包裹上，大大提高了打包的速度和准确性，降低了人工成本，提升了客户满意度。

拓展视频

要求：请以项目组为单位，认真阅读案例导入，分别从设备选型、安装售后、效果等方面进行分析，设计一份详细的安装自动打包机的方案，完成"任务实施"中提出的问题。

知识链接

知识点 1：自动打包机基础知识

一、定义和作用

自动打包机是一种能够自动完成物品捆扎、打包作业的机械设备，其主要作用是提高打包效率、保证打包质量的一致性，并降低人工劳动强度。自动打包机的功能包括自动打包、称重计量和扫码识别。

二、工作原理

自动打包机通常是通过电机驱动，利用捆扎材料（如塑料带、钢带等）对物品进行缠绕、拉紧和熔接（或锁扣），从而实现打包的目的。

三、主要组成部分

自动打包机主要包括以下几个部分。
①控制系统：包括电气控制和程序控制，负责指挥整个打包过程。
②送带机构：提供捆扎所需的带子。
③拉紧机构：将带子拉紧到合适的程度。
④熔接（或锁扣）机构：使带子连接牢固。
⑤动力系统：为设备提供运行动力。

四、分类

自动打包机按不同分类标准可分为不同的类型。
①按捆扎材料的不同，可分为塑料带自动打包机、钢带自动打包机等。
②按打包方式的不同，可分为水平式打包机、垂直式打包机等。
③按打包对象的不同，可分为纸箱打包机、书刊打包机、棉花打包机等。

五、特点

自动打包机的特点包括以下三点。
①高效：能快速完成大量打包任务。
②稳定：打包质量可靠，一致性好。
③节省人力：减少人工操作，降低成本。

六、应用领域

自动打包机广泛应用于食品、医药、化工、印刷等行业，可用于对各类物品的打包处理。

七、维护与保养

自动打包机的维护保养应注意以下几点。

①定期清洁：清除打包机上的灰尘和杂物，保持设备清洁。

②检查部件：应定期检查关键部件的磨损和松动情况。

③润滑：应对运动部件进行适时润滑。

④更换耗材：如磨损的捆扎带、易损的零部件等应定期更换。

八、操作方法

1. 准备工作

①检查设备：确保自动打包机各零部件完好无损，无杂物阻塞，捆扎带充足且安装正确。

②接通电源：将设备连接到合适的电源，并确保电压稳定。

③调整参数：根据要打包的物品的尺寸和捆扎要求，设置打包机的捆扎张力、打包数量等参数。

2. 放置物品

将待打包的物品整齐地放置在打包机的工作台上，确保位置准确，不歪斜。

3. 启动设备

按下启动按钮或操作相应的控制开关，使打包机开始工作。

4. 自动捆扎

①打包机自动送出捆扎带，对物品进行缠绕。

②达到预设的张力后，捆扎带会被拉紧并进行熔接（塑料带）或锁扣（钢带）。

5. 完成打包

打包完成后，取出已打包好的物品。

6. 关机与清理

①工作结束后，按下停止按钮关闭设备。

②清理工作区域的杂物和剩余的捆扎带。

需要注意的是，不同型号和品牌的自动打包机在操作上可能会有细微的差异，因此在操作前务必仔细阅读设备的使用说明书，并遵循厂家的指导进行操作。同时，操作人员应经过适当的培训，以确保安全高效地使用设备。自动打包机如图 2-29 所示。

知识点 2：自动缠绕机基础知识

一、定义与作用

自动缠绕机是一种能够自动对货物进行缠绕包装的设备，主要作用是给货物裹上一层薄膜，以达到防尘、防潮、防刮擦、固定货物等目的。

图 2-29 自动打包机

二、工作原理

自动缠绕机通过电机带动转盘旋转，同时薄膜输送装置将薄膜送出，薄膜在货物表面按照设定的方式和层数进行缠绕包裹。

三、主要组成部分

自动缠绕机主要包括以下几个部分。

①控制系统：用于设定缠绕参数，如缠绕层数、缠绕速度、拉伸比例等。

②膜架系统：包括薄膜的放置和输送装置。

③转盘系统：承载货物并带动货物旋转。

④升降系统（部分机型具备该系统）：可调整货物的高度，以适应不同尺寸的货物。

⑤动力系统：为设备的运行提供动力。

四、分类

自动缠绕机按不同的分类标准可分为不同的类型。

①按结构形式的不同，可分为：托盘式缠绕机、悬臂式缠绕机、圆筒式缠绕机等。

②按功能的不同，可分为：预拉伸缠绕机、阻拉伸缠绕机等。

五、特点

自动缠绕机的特点包括以下三点。

①高效自动化：能够大幅提高包装效率，减少人工操作。

②包装效果好：薄膜缠绕紧密均匀，保护性能强。

③可调节性：能根据不同货物的需求调整包装参数。

六、应用领域

自动缠绕机广泛应用于化工、电子、食品、造纸、建材等行业的货物包装。

七、维护与保养

自动缠绕机的维护保养应注意以下几点。

①定期清洁设备，保持设备干净整洁。

②检查电气系统，确保线路连接正常。

③对传动部件进行润滑，保证运行顺畅。

④定期更换易损件，如薄膜输送滚轮等。自动缠绕机如图 2 - 30 所示。

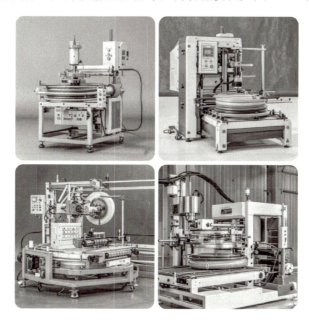

图 2 - 30　自动缠绕机

🎯 任务实施

阅读任务描述，回答以下问题：

1. 请根据任务描述，说说自动打包机是如何提升广州这家大型电商仓库的效率和准确率的？

_____

_____

_____

_____

2. 请通过网络查询资料，详细介绍一下如何为这家电商仓库选择合适的自动打包机。

_____

_____

_____

_____

3. 各组进行角色扮演，为这家大型电商仓库制作一份详细的优化自动打包机布局的方案。

_____

_____

_____

_____

任务评价

完成上述任务后，教师组织三方进行评价，并对学生任务执行情况进行点评。学生完成表 2-15 的填写。

表 2-15　　　　　　　　　　考核评价表

班级		团队名称		学生姓名	
团队成员					
考评项目		分值	要求	学生自评（30%）	团队互评（30%）	教师评定（40%）
知识能力	掌握自动打包机的工作要点	20分	掌握准确			
	掌握自动缠绕机的工作要点	20分	掌握准确			
	掌握自动打包机、自动缠绕机维护保养工作技巧	30分	掌握准确			
职业素养	文明礼仪	10分	使用文明用语			
	团队协作	10分	相互协作			
	工作态度	10分	严谨认真			
成绩评定		100分				
心得体会						

牛刀小试

牛刀小试
参考答案

一、单项选择题

1. 自动打包机通常使用的打包带材料是（　　）。

A. 纸　　　　　　　B. 塑料　　　　　　　C. 铁　　　　　　　D. 麻绳

2. 自动打包机中的电热元件在打包过程中主要起的作用是（　　）。

A. 加热打包带　　　B. 冷却打包带　　　C. 拉伸打包带　　　D. 切断打包带

3. 自动打包机的捆包速度主要取决于（　　）。

A. 打包带宽度　　　B. 打包带材质　　　C. 打包机功率　　　D. 打包物品大小

4. 自动打包机在打包过程中，打包带没有正常黏合，可能的原因是（　　）。

A. 打包带宽度不合适　　　　　　B. 打包机电源未接通

C. 电热元件温度不够　　　　　　D. 打包物品过重

5. 下列不属于自动缠绕机的主要组成部分的是（　　）。

A. 铆接机构　　　B. 控制系统　　　C. 转盘系统　　　D. 升降系统

二、多项选择题

1. 自动打包机的特点有（　　）。

A. 高效　　　　　　B. 稳定　　　　　　C. 节省人力　　　D. 节能

2. 自动打包机的主要功能包括（　　）。

A. 自动打包　　　B. 称重计量　　　C. 扫码识别　　　D. 保温保鲜

3. 下列场景适合使用自动打包机的有（　　）。

A. 快递物流中心　　B. 大型超市　　　C. 餐厅厨房　　　D. 家居整理

4. 按结构形式的不同，自动缠绕机包括（　　）。

A. 托盘式缠绕机　　B. 阻拉伸缠绕机　　C. 悬臂式缠绕机　　D. 圆筒式缠绕机

三、判断题

1. 自动打包机在打包完成后，打包带会自动切断，无须人工操作。（　　）

2. 自动打包机的维护保养工作可以随意进行，不需要按照特定的周期或步骤进行。（　　）

3. 要定期对自动缠绕机的传动部件进行润滑，保证其运行顺畅。（　　）

四、简答题

1. 在使用自动打包机时，如何确保操作安全？

2. 简述自动打包机相比手动打包的优势。

模块四 智能装卸搬运设施设备

学习目标

◎ 知识目标

（1）掌握智能输送系统的基本概念。

（2）了解智能输送系统的作用。

（3）掌握自动导引车（AGV）的概念。

（4）掌握机械手的基本概念。

（5）掌握机械手的分类。

（6）了解机械手的优势。

（7）掌握码垛机器人的基本概念。

（8）了解码垛机器人的特点。

◎ 能力目标

（1）能够分析为什么要使用智能输送系统。

（2）能够分析智能输送系统的优缺点。

（3）能够判断如何实现智能输送系统。

（4）能够分析使用智能输送系统时的注意事项。

（5）能够分析机械手在物流中的应用。

（6）能够分析码垛机器人在物流中的应用。

◎ 思政目标

（1）让学生理解核心技术自主可控的重要性，增强民族自信。

（2）引导学生形成正确的价值观，包括对个人与集体、国家与社会的关系认知及对美好生活的追求。

（3）结合人工智能、数字孪生技术在物流设备中的应用，培养学生的数字化思维，引导学生适应产业智能化转型趋势，坚定对中国特色社会主义制度的自信。

知识图谱

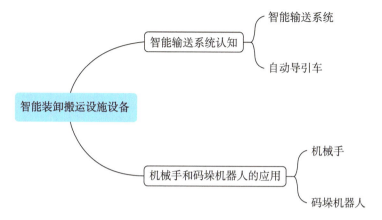

案例导入

无人港有大智慧

在山东日照港全自动化集装箱码头，集装箱卡车往来穿梭。走近发现，驾驶室内空无一人，放眼码头，鲜见人影，一切工作却井井有条。

近年来，日照港大力推动港口智慧化发展，建成全球领先的顺岸开放式全自动化集装箱码头，"老"码头迸发出新活力。

拓展视频

无人集卡行驶在山东日照港顺岸开放式全自动化集装箱码头。目前全球主流全自动化集装箱码头多采用垂直布局模式，日照港化"差异"为"优势"，提出顺岸开放式全自动化集装箱码头建设方案，将传统码头改造升级为全自动化集装箱码头，还成功破解了无人集卡作业通常需要"安全员"监督的难题。实现了自动化轨道吊"少跑路"，集卡车在堆场"自由行"。

图 2-31　山东日照港顺岸开放式全自动化集装箱码头

5G（第5代移动通信技术）、北斗卫星导航系统等国产化技术的进步让智慧化码头建设加速。在日照港科技大楼智慧控制中心，几名工作人员对着屏幕远程操纵自动化设备，远控岸桥精准抓放、一气呵成，一辆辆运送集装箱的无人集卡有序运行，整个生产现场井然有序。

年吞吐量居全国沿海港口前列的日照港，正加快实施港口流程化、无人化、智能化改造。以科技创新赋能产业创新，全面推动传统港口向智慧绿色港口迭代升级，跑出"数智化"加速度。

任务一　智能输送系统认知

任务描述

机器人助力行李"登机"

旅客在机场候机时，通过一个App（应用程序）就能追踪到行李的"飞行任务"：从过完安检，到传送带运输，再到送至停机坪，最后"登机"。一个名为RFID（Radio Frequency Identification）的行李全程跟踪系统在越来越多的机场被广泛应用。

助力全球机场智慧化建设，"成都造"正在不断刷新机场行李处理系统更加丰富完善的解决方案。而在行李"登机"的最后一步，也将迎来新成员——机器人的助力。利用工业机械臂、视觉识别、人工智能算法等先进技术完成托运行李的识别和抓取，并根据行李大小自动完成行李"登机"。

打破垄断"成都造"让行李轻松飞向蓝天

对于机场来说，行李处理系统是航站楼规模最大、结构最复杂的系统装备。在过去很长一段时间内，国内大型机场的行李处理系统一直被国外设备制造商垄断。

走进民航物流的研发基地，"模拟"的机场行李运动轨迹实景呈现在眼前：一件件行李被独立的托盘拖动快速前进，转盘的旁边，两台工业机器人挥舞着"手臂"，一只抓取转盘上的行李筐，将其堆放在一起，另一只将堆叠好的行李筐重新放到转盘上。像这样高效运转的行李运输场景，每天都在北京大兴国际机场、成都天府国际机场等大型枢纽机场上演。

这套托盘分拣系统（TTS）技术在国内千万人次吞吐量级的机场中，市场占有率位居首位，民航物流也成为国内第一家具有完全自主知识产权的行李自动处理系统集成商。

国内首个行李自动装载系统运行

一件件行李被自动运送到"航站楼末端"，原本它们等待由人工搬运至行李运输车和飞机。现在，一个机器人正在挥动着手臂，精准地识别每件不同大小、不同材质的行李，以调节合适的尺寸和力度，将行李一件件"搬"上行李车和机舱中。

机场内托运行李值机，航站楼内运输、分拣等环节均已实现了自动化，但在行李分拣完成后的装车环节，目前仍然采用大量人工搬运的模式，人工完成行李装载不仅消耗大量人力资源，而且存在人工劳动强度大、效率低、出错率高、行李破损率高等问题，每年民航行业中因行李问题而被投诉的事件很多。因此，机场行李的自动装载问题是实现行李全流程自动化处理必须突破的瓶颈，是行业发展的必然趋势，也是行业一直存在的痛点。"若解决该技术难题，可显著提高行李装载环节的自动化和智能化程度，减少装载环节的行李损伤和人工劳动强度，降低安全隐患。"

稳定可靠、安全易用的行李自动装载系统也是未来智慧机场的发展方向之一。这套行李自动装载系统将主要应用于机场物流智能处理领域，可完成机场行李处理系统各场景中行李的自动化装车。该系统可完成行李的识别和抓取，并根据行李大小自动完成行李在拖车上的码放。

该系统有 6 大特点：① "柔性高"，可实现软包、硬包等各类行李的抓取。②适用范围广，可适用于机场不同场景的行李自动装载需求。③智能化水平高，可实现行李的实时码垛、装车智能核验等功能。④部署实施快，占地面积小，无须对原系统进行改造，可快速部署。⑤具有很强的可靠性，利用多种感知技术实现行李的稳定、轻柔抓取，减少行李损伤。⑥安全等级高，系统具备多重安全保护系统，兼顾系统安全与效率。

随着全新一代行李分拣系统更高效、更智能的行李分拣网络不断投运，该行李自动装载系统将为全球更多机场智慧化建设提供助力服务。

要求：请以项目组为单位，认真阅读案例，分析"任务描述"中的行李自动装载系统，有哪些优势？

 知识链接

知识点 1：智能输送系统

一、智能输送系统的相关概念

1. 智能输送系统的概念

智能输送系统是基于物联网技术和自动化技术的自动化处理物流运输系统。它可以通过语音识别、视觉识别、无线通信等方式，自动分拣货物、有效调度、自动储存和自动运输货物，以达到自动化处理物流运输的目的。

2. 使用智能输送系统的原因

传统的物流系统存在人工烦琐、效率低下、易出错等问题，而智能输送系统能够自动完成整个物流运输流程，不仅能提高效率，也可以降低成本，提高安全性和准确性。因此，智能输送系统是建立现代物流信息化系统的必要手段。

3. 智能输送系统的作用

智能输送系统可以自动完成物流运输的流程，包括自动分拣货物、有效调度、自动储存和自动运输货物。它可以大大提高物流效率并降低成本，提高安全性和准确性。

4. 智能输送系统的优缺点

优点：智能输送系统具有自动化处理、提高效率、降低成本、提高安全性和准确性等优点。

缺点：智能输送系统的实现需要大量的资金和技术支持，这对于中小企业来说可能是一笔巨大的开销。另外，智能输送系统的检修和维护也需要高技能人员，这对于企业来说难度也不小。

二、如何实现智能输送系统

①根据企业的实际情况和需求，选择适合的智能输送系统。

②精心设计和规划智能输送系统，包括物流仓库设计、系统设备布置、工作流程规划等。

③实施智能输送系统的步骤包括设备安装、测试、上线等。

④对智能输送系统进行优化和维护，包括设备检修、故障排除、性能优化等。

⑤替代方案。除智能输送系统外，还应有人工处理物流运输的方案。但是，传统的人工处理方式存在效率低下、易出错、成本高等问题，不能满足现代物流的发展需求。

三、使用智能输送系统时的注意事项

①保持设备正常运转，避免故障发生。

②严格遵守设备操作规程，避免误操作。

③定期检修设备，保持设备的正常状态。

④加强安全管理，保护设备和工作人员的安全。

知识点 2：自动导引车

自动导引车（AGV）是采用自动或人工方式装载货物，按设定的路线自动行驶或牵引着载货台车至指定地点，再用自动或人工方式装卸货物的工业车辆。AGV 是以电池为动力源的一种自动操纵行驶的工业车辆。自动导引车只有按物料搬运作业自动化、柔性化和准时化的要求，与自动导引系统、自动装卸系统、通信系统、安全系统和管理系统等构成自动导引车系统（AGVS）才能真正发挥作用。计算机硬件技术、并行与分布式处理技术、自动控制技术、传感器技术及软件开发环境的不断发展，为 AGV 的研究与应用提供了必要的技术基础。人工智能技术，如理解与搜索、任务与路径规划、模糊与神经网络控制技术的发展，使 AGV 向着智能化和自主化方向发展。AGV 的研究与开发集人工智能、信息处理等为一体，涉及计算机、自动控制、信息通信、机械设计和电子技术等多个领域，成为物流自动化研究的热点之一。

 扩展阅读

空中智能物流输送系统：未来物流的创新解决方案

随着电子商务和物流行业的快速发展，传统的地面物流配送模式面临着诸多挑战，如交通拥堵、配送效率低下和环境污染等问题。空中智能物流输送系统作为一种创新的物流解决方案，通过无人机、空中运输管道等技术，实现货物在空中的高效、智能化配送。下面详细介绍空中智能输送系统的概念、工作程序、主要功能、技术优势、应用场景等。

一、空中智能物流输送系统的概念

空中智能物流输送系统是一种利用空中运输技术进行货物配送的系统，通常包括无人机配送系统和空中运输管道系统。该系统通过先进的导航、通信和控制技术，实现货物在空中的自动化、高效配送，旨在提升物流配送效率、降低成本和减少环境影响。

1. 无人机配送系统

无人机配送系统利用无人机将货物从仓库或配送中心运送到目的地。无人机通过预设的航线和导航系统，在空中飞行并完成货物的自动投递。

2. 空中运输管道系统

空中运输管道系统利用悬挂在空中的管道或轨道，通过磁悬浮、电动滑轮等技术，进行货物的高速运输。该系统通常用于城市内部或城市之间的短途货物运输。

二、工作程序

1. 无人机配送系统的工作程序

①货物装载：将货物装载到无人机的货舱中。

②导航规划：无人机根据预设的航线和导航系统，规划最佳飞行路径。

③自动飞行：无人机按照规划的路径自动飞行，避开障碍物和其他飞行器。

④货物投递：无人机到达目的地后，自动将货物投递到指定位置。

⑤返回基地：完成投递任务后，无人机自动返回基地，准备下一次配送任务。

2. 空中运输管道系统的工作程序

①货物装载：将货物装载到运输管道系统的运输舱中。

②路径规划：系统根据目的地和运输管道网络，规划最佳运输路径。

③自动运输：运输舱在管道或轨道上自动移动，通过磁悬浮或电动滑轮技术实现高速运输。

④货物卸载：运输舱到达目的地后，自动将货物卸载到指定位置。

⑤返回基地：完成运输任务后，运输舱返回起点，准备下一次运输任务。

三、主要功能

1. 高效配送

空中智能物流输送系统能够实现货物的快速、高效配送，显著缩短配送时间，提高物流效率。

2. 自动化操作

空中智能物流输送系统采用先进的导航、通信和控制技术，实现货物的自动化装载、运输和投递，减少人工干预。

3. 智能调度

空中智能物流输送系统具备智能调度功能，能够根据实时需求和交通状况，动态调整配送路径和计划，优化运输资源。

4. 安全保障

空中智能物流输送系统配备了多重安全保障措施，包括避障技术、紧急降落机制和实时监控系统，确保配送过程的安全。

四、技术优势

1. 高效率

空中智能物流输送系统通过无人机和空中运输管道，实现货物的高速运输，显著提升配送效率。

2. 灵活性

空中智能物流输送系统具备高度的灵活性，能够适应不同的配送需求和场景，支持多种类型货物的运输。

3. 低成本

相比传统的地面物流配送模式，空中智能物流输送系统能够减少交通拥堵和人工成本，降低整体物流成本。

4. 环保性

空中智能物流输送系统采用无人机和磁悬浮技术，减少了环境污染，具有较高的环保性。

五、应用场景

1. 城市快递配送

在城市快递配送中，空中智能物流输送系统能够快速、高效地将包裹送达用户手中，减少交通拥堵，缩短配送时间。

2. 农村和偏远地区配送

在农村和偏远地区，地面交通条件较差，空中智能物流输送系统能够克服地理障碍，实现快速、可靠的配送服务。

3. 医疗物资运输

在医疗物资运输中，空中智能物流输送系统能够快速运输紧急医疗物资，如药品、疫苗和血液样本等，提升医疗救援效率。

4. 工业供应链管理

在工业供应链管理中，空中智能物流输送系统能够实现零部件和原材料的快速运输，优化生产流程和库存管理。

空中智能物流输送系统作为一种创新的物流解决方案，通过高效、智能化的配送方式，为电子商务、医疗救援、工业供应链等领域提供了可靠的技术支持。其高效、灵活、低成本和环保等优势，使其在各行业中发挥着重要作用。相信随着技术的不断进步，空中智能物流输送系统将在未来的发展中继续引领物流配送的潮流，为实现高效、可持续的物流目标提供坚实的技术保障。

任务实施

阅读任务描述，回答以下问题：

1. 请结合任务描述，分析智能输送系统的概念。

_____

_____

_____

_____

2. 请结合任务描述，分析智能输送系统的作用和技术优势。

_____

_____

_____

_____

任务评价

完成上述任务后，教师组织三方进行评价，并对学生任务执行情况进行点评。学生完成表 2‑16 的填写。

表 2 - 16 考核评价表

班级		团队名称		学生姓名	
团队成员					

考评项目		分值	要求	学生自评（30%）	团队互评（30%）	教师评定（40%）
知识能力	掌握智能输送系统的概念	20 分	描述准确			
	掌握使用智能输送系统的注意事项	20 分	分析正确			
	掌握空中智能物流输送系统的工作原理	15 分	描述准确			
	掌握空中智能物流输送系统的技术优势与应用场景	15 分	分析正确			
职业素养	文明礼仪	10 分	使用文明用语			
	团队协作	10 分	相互协作			
	工作态度	10 分	严谨认真			
成绩评定		100 分				
心得体会						

 牛刀小试

牛刀小试
参考答案

一、单项选择题

1. 下列关于智能输送系统，说法错误的是（　　）。

A. 智能输送系统可实现自动分拣货物

B. 智能输送系统不仅效率高而且成本低

C. 智能输送系统可提高物流的安全性和准确性

D. 智能输送系统需要大量资金的支持

2. 下列关于 AGV 的说法，错误的是（　　）。

A. AGV 按设定的路线自动行驶或牵引着载货台至指定地点

B. AGV 以氢气为动力源

C. 人工智能技术使 AGV 向智能化、自主化方向发展

D. 计算机硬件技术、自动控制技术等为 AGV 提供了必要的技术基础

3. 无人机配送系统的工作程序是（　　　）。

A. 导航规划—货物装载—自动飞行—货物投递—返回基地

B. 自动飞行—导航规划—货物装载—货物投递—返回基地

C. 导航规划—自动飞行—货物装载—货物投递—返回基地

D. 货物装载—导航规划—自动飞行—货物投递—返回基地

4. 空中运输管道系统的工作程序是（　　　）。

A. 自动运输—货物装载—路径规划—货物卸载—返回基地

B. 路径规划—货物装载—自动运输—货物卸载—返回基地

C. 货物装载—路径规划—自动运输—货物卸载—返回基地

D. 货物装载—自动运输—路径规划—货物卸载—返回基地

二、多项选择题

1. 使用智能输送系统时应注意的事项有（　　　）。

A. 保持设备正常运转，避免故障发生

B. 严格遵守设备操作规程，避免误操作

C. 定期检查设备，保持设备的正常状态

D. 加强安全管理，保护设备和工作人员的安全

2. 空中智能物流输送系统通常有（　　　）。

A. 无人机配送系统　　　　　　　　B. 航空运输系统

C. 空中运输管道系统　　　　　　　D. 自动导引车系统

3. 空中智能物流输送系统的主要功能有（　　　）。

A. 高效配送　　　B. 智能调度　　　C. 安全保障　　　D. 自动化操作

4. 空中智能物流输送系统的技术优势包括（　　　）。

A. 灵活性　　　B. 高效率　　　C. 环保性　　　D. 低成本

三、判断题

1. 在偏远地区，空中智能物流输送系统能够克服地理障碍，实现快速、可靠的配送服务。（　　　）

2. 空中智能物流输送系统采用无人机和磁悬浮技术，减少了环境污染，具有较高的环保性。（　　　）

3. 与地面物流配送相比，空中智能物流输送系统能够减少交通拥堵和人工成本。（　　　）

任务二　机械手和码垛机器人的应用

📖 任务描述

刚一进入这间可同时容纳近千人用餐的餐厅，映入眼帘的是一个个被举起的手机，什么东西这么吸引人？

拓展视频

因为这间餐厅可是有"大智慧"的！自动化、可视化、高效化的全流程智能餐饮设备运行，就是它的最大特色。

机械装置可自动加热面包，将刚刚煎好的肉饼搭配生菜、酱汁夹入面包坯，接着机械装置把制作好的汉堡用纸包好，出餐！

顾客想吃中餐也没有问题。将菜品制作的烹饪工艺、菜肴原料、灶上动作、火候控制等数据输入计算机，进行反复调校实验，智能炒锅则可以完美再现大厨水准，实现投料、翻炒、油水添加、洗锅、装盘出餐等全自动一体化，不仅能制作宫保鸡丁、东坡肉等数十道传统中式佳肴，还会制作意式肉酱面等多种主食。

还有会自己开盖、加油的智能煲仔饭机，它可以同时操控 36 个炉头的精准火候，开盖、加油、添料等操作环节自动完成，确保每位顾客都能享受到带有金黄色锅巴的正宗煲仔饭。

这些智能设备避免了因为厨师不同、技艺差别等因素，出现的食物品质不稳定、口味差异大等问题，设备自动化运行保障了菜品丰富、品质稳定，也大大提高了供餐效率。

食物制作完成后，云轨小车随即出场，来上菜，系统智能调度云轨小车接应菜品，并规划最佳路径，如图 2－32 所示。

图 2－32　云轨小车接应菜品

食客只需要按照订单编号找到座位，做好的菜品便会通过空中轨道和云轨小车，智能传送到相应位置，做到真真正正的美食从天而降。享用美食之余，还可以再来杯饮品，这里还有智能制作饮品的设备，如图 2－33 所示。

图 2-33 从天而降的菜品

北京冬奥会媒体中心的智能餐厅是北京冬奥会"科技办奥"理念最鲜活的实际应用。这些智能化设备的运用能最大限度地减少在人流高度密集区域，人与人直接接触的概率。

要求：请以项目组为单位，认真阅读案例并结合实际进行分析，智能餐厅的智能体现在哪些方面？哪些智能设备可以应用到物流领域中，在物流领域中可以发挥哪些作用？

 ## 知识链接

知识点1：机械手

一、基本概念

机械手是一种能模仿人手和臂的某些动作功能，按固定程序抓取、搬运物件或操作工具的自动操作装置。

其特点是可以通过编程来完成各种预期的作业，构造和性能上兼有人和机械手机器各自的优点。

二、机械手的分类

机械手按驱动方式的不同，可分为液压式机械手、气动式机械手、电动式机械手和机械式机械手。

按适用范围的不同，机械手可分为专用机械手和通用机械手。

按运动轨迹控制方式的不同，机械手可分为点位控制机械手和连续轨迹控制机械手。

机械手通常用作机床或其他机器的附加装置，如在自动机床或自动生产线上装卸和传递工件，在加工中心更换刀具等，一般没有独立的控制装置。有些操作装置需要由人直接操纵，如原子能部门操持危险物品的主从式操作手也常称为机械手。机械手在锻造工业中的应用能进一步发展锻造设备的生产能力，改善热、累等劳动条件。

三、机械手的优势

①提高效率：机械手的应用可以有效提高物流行业的运作效率，可以减少人工操

作，提高物品的处理速度。

②降低人类的安全隐患：由于物品的搬运、装载需要进行重复操作，对人类的健康和安全有很大的影响。而机械手不仅可以取代人工完成这些操作，还可以更加安全地执行任务。

③提高产品和服务的质量：机械手可以更好地贯彻"物尽其用、一物多用"的物流理念，可以提高产品和服务的质量，并为用户带来更好的体验。

④降低成本：机械手能够替代人工劳动力，减少劳务和培训成本。此外，机械手的运行成本相对较低，长期运行能带来可观的成本节省。

四、机械手在物流中的应用

①物品储存：机械手可以根据预定的程序，快速地将物品装进指定储存位置。由于机械手本身是集机械、电气、计算机等多种技术于一身的高科技设备，因此每个动作的偏差都可以减至最小。

②物品搬运和装载：机械手可以搬运和装载货物，通过感应器和摄像头准确捕捉和抓取货物。机械手具有精准、快速的特点，可以准确快速地将物品搬运到指定的地点。

③物品分类：同样，在物流行业中，物品的分类也是很重要的一个环节。物品的分类可以让物流行业更加高效，优化物品的运输和储存。机械手可以快速准确地读取物品上的条码、RFID标签等，根据预设的规则进行物品的分类。

④订单处理：机械手可以通过与订单管理系统的连接，自动执行订单处理任务。接收到具体订单后，机械手会根据订单信息，自动搬运相应的货物，然后进行包装和封箱等后续操作，并将货物送至物流通道。

知识点 2：码垛机器人

一、基本概念

码垛机器人是机械与计算机程序有机结合的产物，为现代生产提供了更高的生产效率。码垛机器人在码垛行业有着相当广泛的应用。码垛机器人大大节省了劳动力，节省了空间。码垛机器人运作灵活精准、快速高效、稳定性高、作业效率高。

码垛机器人采用坐标式机器人安装技术，具有高灵活性，能够在较小的占地面积范围内建造高效节能的全自动砌块成型机生产线。

二、码垛机器人的特点

①结构简单、零部件少。因此其零部件的故障率低、性能可靠、保养维修简单、所需库存零部件少。

②占地面积小。有利于客户厂房生产线的布置，可留出较大空间，码垛机器人可以设在比较狭窄的空间。

③适用性强。当产品的尺寸、体积、形状及托盘的外形尺寸发生变化时只需在触摸屏上稍做修改即可，不会影响客户正常的生产。而机械式码垛机更改上述条件相当困难。

④能耗低。通常机械式码垛机的功率在 26kW 左右，而码垛机器人的功率为 5kW 左右，大大降低了客户的运行成本。

⑤全部控制可在控制柜屏幕上操作，操作简单。

⑥只需定位抓起点和摆放点，操作方法简单易懂。

三、码垛机器人在物流中的应用

码垛机器人在物流中的应用非常广泛，主要应用于产品搬运、码垛等环节，特别是在汽车、家电、医药、食品等领域。

码垛机械人作为一种自动化、智能化的物流设备，能够高效地将不同外形尺寸的包装货物整齐、自动地码（拆）在托盘上（生产线上），通过设置物料码垛顺序，满足从低速到高速，从包装袋到纸箱，从码垛一种产品到码垛多种不同产品的需求。

在仓库管理中，码垛机器人的布局规划要考虑仓库的空间布局、货物种类和数量等因素，以确保码垛机器人能够准确、快速地完成货物的码垛。此外，还需要充分考虑安全防护措施，确保码垛机器人在运行过程中不会对人员和设备造成伤害。

随着物流行业的快速发展，自动化、智能化技术的应用越来越广泛。码垛机器人作为一种重要的物流设备，已经在许多企业中得到了广泛应用。码垛机器人在物流行业中的应用不仅提高了物流仓储的智能化水平，还显著提升了工作效率和准确性，是现代物流系统中不可或缺的一部分。

 扩展阅读

机械手在物流自动化中面临的问题

机械手作为一种能模拟人体手臂动作的机械装置，已经在物流自动化领域得到广泛应用。在过去的几十年中，随着技术的进步和需求的增加，机械手的功能不断改进，已经成为物流行业提高效率、降低成本的理想解决方案之一。

1. 复杂的物品识别和抓取

物流中存在各种形状、尺寸和质地的货物，机械手臂需要具备识别和抓取不同物品的能力。目前，机械手的抓取技术仍然需要进一步研究和改进，以提高准确性和适应性。

2. 空间限制

物流环境通常存在空间限制，机械手的尺寸和运动自由度往往受到限制。因此，在设计和部署机械手时，需要根据实际情况进行合理规划和布局，以确保机械手的正常运行和高效工作。

3. 人机协同

尽管机械手有很多优点，但在某些情况下，仍然需要人与机械手进行协同工作。机械手需要与操作员进行有效的配合，以确保安全性和准确性。

机械手在物流自动化中具有广泛的应用前景，并且已经在实际生产中得到广泛应用。然而，机械手在物流自动化中仍然面临着诸多挑战，需要不断完善技术水平。通过解决这些问题，机械手将会在物流自动化领域发挥更加重要的作用，进一步推动物流行业的发展和进步。

任务实施

阅读任务描述，回答以下问题：

1. 请结合任务描述，分析机械手在物流自动化中的优势。

_____

_____

_____

_____

2. 请结合任务描述，分析机械手、码垛机器人在物流自动化中的具体应用。

_____

_____

_____

_____

3. 请结合任务描述，分析机械手面临的挑战。

_____

_____

_____

_____

任务评价

完成上述任务后，教师组织三方进行评价，并对学生任务执行情况进行点评。学生完成表 2-17 的填写。

表 2 - 17　　　　　　　　　考核评价表

班级			团队名称			学生姓名		
团队成员								
考评项目		分值	要求	学生自评 （30%）		团队互评 （30%）	教师评定 （40%）	
知识能力	理解机械手、码垛机器人的概念	20 分	理解正确					
	掌握机械手的优缺点	20 分	掌握准确					
	分析机械手、码垛机器人在物流中的应用	15 分	分析完整					
	分析码垛机器人的特点	15 分	分析完整					
职业素养	文明礼仪	10 分	使用文明用语					
	团队协作	10 分	相互协作					
	工作态度	10 分	严谨认真					
成绩评定		100 分						
心得体会								

牛刀小试

牛刀小试
参考答案

一、单项选择题

1. 机械手在工业生产中的主要作用是（　　　）。

A. 减少人工劳动　　　B. 娱乐玩具　　　　　C. 建造建筑物　　　D. 照顾老人

2. 机械手的运动控制主要通过（　　）实现。

A. 人工操作　　　　　B. 脑电波　　　　　　C. 计算机控制　　　D. 静力控制

3. 以下不属于码垛机器人的特点的是（　　　）。

A. 占地面积小　　　　B. 结构简单　　　　　C. 适用性强　　　　D. 能耗高

二、填空题

1. 机械手的自由度是指机械臂的可（　　　）性。

2. 机械手使用传感器来感知（　　　）环境。

3. 机械手具有高（　　　），可以在狭小空间内进行精确操作。

4. 机械手广泛应用于（　　　）行业，如汽车制造、电子制造、物流行业等。

三、简答题

1. 请简要解释机械手自由度的概念，并举例说明。

2. 请简要介绍机械手在物流行业的应用。

四、计算题

1. 机械手的控制系统每秒发送 1000 条指令，每条指令包含 10 个字节的数据。请计算控制系统每秒传输的数据量。

2. 一台机械手在同一个工作站上完成了 10 个产品的装配任务，每个产品的装配时间为 30 秒。请计算机械手完成这项任务所需的总时间。

模块五 智慧物流系统设备

学习目标

◎ 知识目标

(1) 了解物流信息设备的基本概念。

(2) 掌握智慧物流信息设备的概念与特点。

(3) 掌握条码的概念与特点。

(4) 熟悉条码的识别原理。

(5) 熟悉条码的识读设备。

(6) 熟悉射频识别系统的组成。

(7) 掌握条码技术与射频识别技术的区别。

(8) 熟悉智慧物流大数据收集与分析的指标内容。

(9) 了解智慧物流大数据的数据分析工具和分析过程。

(10) 了解云计算的类型、优势和发展前景。

◎ 能力目标

(1) 能正确认识智慧物流信息设备。

(2) 能够操作物流信息设备。

(3) 具备在物流领域应用物流信息设备的能力。

(4) 具备使用条码装备的能力。

(5) 具备借助物流信息设备相关知识进行案例分析的能力。

(6) 具备识别和收集物流数据的能力。

◎ 思政目标

(1) 通过智慧物流设施设备相关案例,强化"以人民为中心"的服务意识。

(2) 明确技术应用中的法律边界与道德底线。

(3) 介绍智慧物流设施与设备的前沿技术和发展趋势,鼓励学生在学习中勇于创新,培养开拓进取的时代精神。

(4) 了解我国物流设施与设备的飞速发展,培养学生民族自豪感和爱国主义情怀。

知识图谱

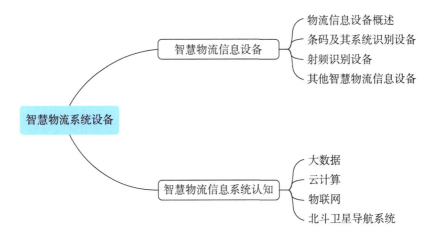

 案例导入

2022年12月，国务院办公厅印发《"十四五"现代物流发展规划》（以下简称《规划》）。《规划》明确按照"市场主导、政府引导，系统观念、统筹推进，创新驱动、联动融合，绿色低碳、安全韧性"的原则，到2025年，基本建成供需适配、内外联通、安全高效、智慧绿色的现代物流体系，物流创新发展能力和企业竞争力显著增强，物流服务质量效率明显提升，"通道＋枢纽＋网络"运行体系基本形成，安全绿色发展水平大幅提高，现代物流发展制度环境更加完善。

《规划》明确指出，加快培育现代物流转型升级新动能，深度挖掘现代物流重点领域潜力。强化物流数字化科技赋能，加快物流数字化转型，推进物流智慧化改造，促进物流网络化升级。深度应用第五代移动通信（5G）、北斗、移动互联网、大数据、人工智能等技术，分类推动物流基础设施改造升级，加快物联网相关设施建设，发展智慧物流枢纽、智慧物流园区、智慧仓储物流基地、智慧港口、数字仓库等新型物流基础设施。鼓励智慧物流技术与模式创新，促进创新成果转化，拓展智慧物流商业化应用场景，促进自动化、无人化、智慧化物流技术装备以及自动感知、自动控制、智慧决策等智慧管理技术应用。加快高端标准仓库、智慧立体仓储设施建设，研发推广面向中小微企业的低成本、模块化、易使用、易维护智慧装备。

思考：

1. 为什么我国要加快推进现代物流体系的完善与发展？

2. 你见过哪些智慧物流信息设备？这些信息设备的使用对物流行业的发展有什么好处？

任务一　智慧物流信息设备

智慧物流信息设备是现代物流体系中不可或缺的组成部分，它深度融合了前沿技术，大大减少传统物流的人力成本和时间成本。智慧物流信息设备具有极强的连通性，能够实现设备之间、设备与平台之间的高效率互通与信息共享，与传统物流相比，智慧物流成本更低、资源利用率更高，从而进一步改善了客户的体验，提高了服务质量和客户满意度。

 知识链接

知识点 1：物流信息设备概述

一、信息设备的基本概念

信息设备，广义上是指一切能够进行信息处理、传输、存储和展示的设备。在现代社会，信息设备已经成为人们日常生活的重要组成部分。其种类繁多，功能各异，从个人计算机、移动电话到智能手表等，都是信息设备的典型代表。

信息设备的核心功能是处理和传递信息。信息处理是指设备对输入的信息进行加工、整理和转换的过程，这可能包括数据的采集、分析、存储和输出。信息传递则是指设备之间或设备与用户之间进行信息交流的过程，这通常涉及无线或有线通信技术。

从硬件角度来看，信息设备通常由中央处理单元（CPU）、存储单元（如硬盘、固态硬盘）、输入输出接口（如键盘、鼠标、触摸屏）以及显示单元（如屏幕）等组成。软件方面，则包括操作系统、应用软件及各种数据处理程序。随着信息技术的发展，信息设备正变得越来越小巧、高效和智能。它们不仅能够处理和存储大量的信息，而且能够根据用户的需求提供定制化的服务。同时，信息设备正朝着网络化、智能化和个性化的方向发展，这使信息设备能够更好地服务于人类社会的各个领域。

二、智慧物流信息设备的概念

智慧物流信息设备是指在物流管理中进行信息采集、信息传输、信息加工与应用等的设备，是物流信息技术在物流领域应用的实物表现，是物流信息技术与具体物流业务相结合的产物。物流信息设备是实现物流信息化的基础，其核心在于利用现代信息技术手段，对物流过程的信息进行有效管理，从而实现降低成本、提高效益的目标。

智慧物流信息设备既包括传统的物流信息设备，也包括由于物联网、云计算、大数据和移动互联网等新技术的应用而出现的专门针对智慧物流场景的各种信息设备。

智慧物流信息设备有的以独立的装备实体存在，如条码阅读器、RFID 阅读器；有的以信息模块的形式存在于智慧物流设备中，如无人机、无人车中的信息感知模块；也有的以信息系统云平台形式整合控制各种智慧物流设备，如智慧物流云计算平台、供应链控制塔等。

三、智慧物流信息设备的特点

智慧物流信息设备的特点可以概括为实时性、准确性、全面性和可追溯性。

1. 实时性

智慧物流信息设备，如传感器和扫码设备，可以实时监测货物的位置、温度等信息。通过无线通信手段，这些数据能够快速传输到物流信息系统中，使企业及时了解物流运输过程中的各种情况并进行合理调度。

2. 准确性

智慧物流自动化设备和信息技术的应用，减少了人工操作，从而降低了错误发生的概率。物流信息系统实时记录货物进出库情况以及运输过程中的温湿度参数等，确保物流信息准确无误。

3. 全面性

物流信息系统涵盖从原材料采购到产品生产、仓储、运输、配送等全过程的信息。智慧物流信息设备将根据企业内外部信息资源，实现物流活动全面管理和协调后的运行和操作。

4. 可追溯性

智慧物流信息设备通过记录和分析，可以查看每个环节的操作记录，了解货物来源、去向及经过的仓库和运输节点，有助于建立完整的物流档案，方便跟踪追溯，提高物流过程的安全性和可信度。

四、智慧物流信息设备的分类

最能体现出物流行业特征的智慧物流信息设备是用于收集物流信息和进行过程监控的智能终端。它可以分为三种类型：物流动态信息采集装置、物流溯源装置及物流自动化设备。

为了确保对整个物流流程进行全面控制，需要建立一个物流动态信息采集装置。动态的货物或移动载体本身包含着许多有用的信息，如商品的名称、数量、质量、生产地、移动载体（如车辆、轮船等）的名称、位置、状态等。资料在后续工作中可以重复利用。因此，准确、迅速地读取和使用动态的货物或运输工具的信息，将会极大地改善物流的效率。在传统的物流信息收集设备中，条码技术是最常用的一种，磁条技术、语音识别技术、手持数据终端技术和射频识别技术也在不同领域得到了应用。

物流溯源装置是指对物流过程中的交通工具和项目进行追踪与监测的装置。物流装备的追踪方法有很多种，既可以采用传统的通信方式，如电话追踪，也可以利用无线电频率识别技术来进行周期追踪。在我国，应用最为广泛的仍是 GPS（全球定位系统）和北斗卫星定位技术。利用卫星定位的追踪和控制设备，能够帮助货主和车主实时掌握车辆和货物的位置与状况，保证对整个物流流程进行高效的监测，使其快速运行。

物流自动化设备是将自动控制技术和物流各个业务过程有机地融合在一起的结果。在零售、医药、电商等行业，由于每天要分拣的货物种类多、批次多、数量大，所以物流自动化设备得到了广泛的应用与推广。

应当指出的是，以上智慧物流信息设备的分类在实践中并非独立进行，而是在相关系统和人员的操作下进行，这样才能更好地收集、整理和分析智慧物流信息，以用户需求为出发点开展专业化服务。

知识点 2：条码及其系统识别设备

一、条码概述

条码（Bar Code）是将宽度不等的多个黑条和空白，按照一定的编码规则排列，用以表达一组信息的图形标识符。常见的条码是由反射率相差很大的黑条（简称"条"）和空白（简称"空"）排成的平行线图案。条码可以标出物品的生产国、制造厂家、商品名称、生产日期、图书分类号、邮件起止地点、类别、日期等信息，因而在商品流通、图书管理、邮政管理、银行系统等诸多领域都得到了广泛的应用。

二、条码的识别原理

条码要经过扫描、译码等步骤，才能转化为有用的信息。物体的色彩取决于它所反射的光的种类，条码白色的部分可以反射不同波长的可见光，而黑色的部分可以将各种条码的波长都吸收。因此，当条码扫描仪的光源发射出来的光线反射回来后，被反射的光线打在条码扫描仪的光电转换器上，然后光电转换器将这些光的强度转化为对应的电信号。在条码扫描仪的放大电路中，电信号被输出给一个放大电路，然后传送给成形电路，把它变成一个数字信号。条和空的宽度所对应的信号长度不一样。接着，解码器会根据接收到的脉冲数字信号 0 和 1 的个数，判断是否存在"条"或"空"。通过测定 0 和 1 信号的时长，确定条与空的宽度。这时获得的数据还比较混乱，为了了解条码中的信息，需要按照相应的编码法则（如 EAN－8），用相应的数字或文字信息来代替条形符号。最后，经过计算机系统的数据加工和管理，确定商品的具体资料。

三、条码的特点

条码技术是许多学科交叉的结果。相对于其他的身份识别技术，条码技术具有以下特征。

1. 简单

条码标记容易制成，打印起来非常容易，并且在获取信息时进行的扫描操作也较为简单。

2. 快速获取信息

计算机键盘输入的速度为每分钟 220 个字，而使用条码输入的速度是使用键盘输入的 20 倍。

3. 获取的信息量大

利用条码扫描技术，一次能收集数十个数字的信息，并可根据不同的编码方式，增大编码的密度，从而大大提高了所能收集到的信息。

4. 具有较高的可靠性

通过键盘输入数据时，错误率可达 1/300，采用光学字符识别方法，错误率在 1/10000 左右。而使用条码的录入方法，错误率仅为 1/1000000，首次读取正确率大于 98%。

5. 灵活性强，实用性强

条码是一种识别方法，它可以独立应用，也可以和相关的装置构成一个识别系统，进行自动鉴别，还可以和其他的控制装置相连，从而实现对整个系统的自动管理。另外，在不具备自动识别功能的情况下，也可以通过键盘人工输入。

6. 高度自由

条码的高度自由体现在其编码方式上。条码可以自由选择不同的编码规则，如 EAN-13、UPC-A 等，以满足不同行业和地区的需求。此外，条码的长度和宽度也可以根据实际应用进行调整，使条码在保持识别准确性的同时，具有很高的灵活性。这种高度自由的特点使条码在各个领域得到了广泛应用，成为现代物流、零售、制造等行业不可或缺的信息载体。

7. 条码装置结构简单，成本低

条码装置具有结构简单、使用方便、不需要特别培训等特点。与其他的自动鉴别方法相比，条码技术的普及和应用具有成本低廉的优点。

条码技术的以上特性，使其得到了广泛应用。在销售点，对印有条码的货物，用光笔扫过，能自动记账，并做好销售记录。企业可以根据这些数据进行统计分析，预测未来的需求，制订采购计划。如加工制造行业，须对原料或成品进行搬运、储存、装卸、入库等操作，材料监测人员可以通过条码技术精确地追踪到产品的相关信息。通过条码技术，可以进行检查、入库、储存、盘点、标识、品质定位等工作；在物流配送中心，条码技术可以用于标识分类、出货检验等。

四、条码符号的结构

如图 2-34 所示，该条码采用的码制是 EAN-13 码，该码制的条码符号结构由左侧空白区、起始符、左侧数据符、中间分隔符、右侧数据符、校验码、终止符、右侧空白区以及供人识别字符组成。

图 2-34　条码结构

五、条码的分类

条码主要分为一维条码和二维条码两类，目前应用较为广泛的是一维条码，商品条码就属于一维条码。

1. 一维条码

全球一维条码有几百种，尽管每种一维条码都有其自身的编码规律，但通常都会将其文字或数字分为条与空两部分，并且它们的布局也基本相同。最常见的一维条码是：EAN 码、39 码、128 码、93 码、交叉 25 码、库德巴码等。

条码的用途各不相同。EAN 码主要用于商品标识，其长度是固定的，使用数字表示各项信息，是由国际物品编码组织（GS1）制定的通用产品代码；39 码、128 码、93 码适用于工业流水线、商业、医药等，它们的长度取决于所需的数值或字母，其中 93 码的密度是最高的；交叉 25 码主要用于包装、运输以及国际航线上的客票序列号；库德巴码是一种不连续、可变长度、双向自检、条和空均表示信息的条码，它主要用于医疗卫生、图书情报、包裹等的源头管理。

2. 二维条码

一维条码虽然可以识别物品，但对物品的描述却不够全面，而一维条码在纵向上没有承载任何信息。二维条码又称为二维码，不仅可以存储更多的信息，还可以表现出图像的信息，实现水平方向和垂直方向的信息传递。二维条码是一种以特殊的几何图形为载体，以一定的规则分布于平面上的条形和空条形的图案，其最大可容纳 2000 个文字。二维条码一般可以分成两类。

（1）行排式二维条码

行排式二维条码的编码原理是建立在一维条码基础之上的，按需要堆积成两行或多行，行排式二维条码如图 2-35 所示。

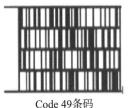
Code 49条码

Code 16K条码

PDF417条码

图 2-35　行排式二维条码

（2）矩阵式二维条码

矩阵式二维条码是指在一个矩形空间通过黑、白像素在矩阵中的不同分布进行编码。在矩阵相应元素位置上，用点（方点、圆点或其他形状）的出现表示二进制数"1"，点的不出现表示二进制数"0"。矩阵式二维条码如图 2-36 所示。

图 2-36　矩阵式二维条码

六、条码识别系统

条码符号是一种图形化的编码符号，它需要在特定仪器的帮助下，才能将所代表的编码信息转化为计算机可以识别的数字信息。因此，条码识别系统应包括扫描系统、信号整形和译码三大功能部件，如图 2-37 所示。扫描系统包括光学系统和光电转换装置，其主要作用是对条码符号进行光扫描，并将得到的条码符号的光学信号通过光电转换装置转换成一个模拟电信号。

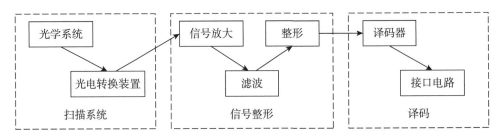

图 2-37　条码识别系统的功能组成

七、商品条码

商品条码是印在商品包装上，由一组规则排列的条、空及 13 位数字编码组成的特殊标识。其中，数字编码的前三位为商品条码前缀码，由国际物品编码组织在全球统一进行管理和分配。此前，国际物品编码组织分配给我国的商品条码前缀码为690－699码段。中国物品编码中心1991年代表我国加入国际物品编码组织，为中国企业提供商品条码服务，我国商品条码数量位居全球第一。

商品条码在我国的应用大致经历了出口贸易、零售结算、电商发展和政府数字化监管四个阶段，为我国国际商贸、零售、医疗、电子商务、物流供应链、海关智慧监管等方面的发展做出了重大贡献。商品条码是商品在全球通行的唯一"身份证"和"通行证"，是非常宝贵的信息资源，作为世界第一制造业大国，我国企业对商品条码的需求与日俱增。

2023年7月，国际物品编码组织向中国物品编码中心授予商品条码前缀码680－689码段。我国将率先启用680和681两个码段，用于分配商品条码，682－689作为中国专属预留码段供日后使用。新码段可以保证我国未来50年的用码需求，为未来50年乃至更长一段时间内经济社会高质量发展和全面数字化转型提供强有力的编码支撑。

商品条码是从美国开始发展起来的，后来发展成为一种单独的编码体系（UPC码），目前北美地区仍在使用。随着原欧洲物品编码协会发布的商品条码（EAN码）在全球快速普及，UPC码的影响力逐步降低。为了满足市场需求，将EAN与UPC两种系统整合成一种全球性的统一标志体系，称为EAN/UCC体系。EAN－8码和EAN－13码分别如图2-38和图2-39所示。

图2-38　EAN－8码　　　　　图2-39　EAN－13码

下面以EAN－13码（以我国的条码为例）为例介绍商品条码的组成。EAN－13码由13位数字组成，其代码结构分为三部分。

①厂商识别代码。厂商识别代码由7～10位数字组成，由中国物品编码中心负责分配和管理。厂商识别代码中的前3位数字称为前缀码，是国际物品编码组织分配给国家（或地区）编码组织的代码。我国目前使用的系统代码是690－669、680和681码段。厂商识别代码中的后4～7位数字代表厂商。

②商品项目代码。商品项目代码由2～5位数字组成，由厂商负责编制。由于厂商识别代码是中国物品编码中心统一分配、注册的，因此，同一厂商必须确保各个商品项目代码的唯一性。

③校验码。校验码为最后的1位数字，用来校验编码的正确性。表2-18为条码校验码的计算步骤。

表 2 - 18　　　　　　　　　　　条码校验码的计算步骤

步骤	举例说明
a. 自右向左编号	某商品条码为：690730570548X（X 为校验码） 位置序号　13 12 11 10 9 8 7 6 5 4 3 2 1 代码　　　6 9 0 7 3 0 5 7 0 5 4 8 X
b. 从序号 2 开始，求出偶数位上的数字之和①	8＋5＋7＋0＋7＋9＝36
c. ①×3＝②	36×3＝108
d. 从序号 3 开始，求出奇数位上的数字之和③	4＋0＋5＋3＋0＋6＝18
e. ②＋③＝④	108＋18＝126
f. 用大于或等于结果④且为 10 的最小整数倍的数减去④	13×10－126＝4，则校验码 X＝4

八、条码识读设备

条码扫描仪也称为条码扫描器，是阅读条码中所含信息的设备，是一种条码识读设备。条码扫描器通常包括光源、接收器、光电转换装置、译码器、计算机界面等。它的基本工作原理为：由光源发出的光线，经过光学系统，作用于条码上，然后被反射的光经过光学系统，图像进入一个光电转换装置，接着解码成数字信号，最后再被计算机接收。条码扫描器如图 2 - 40 所示。

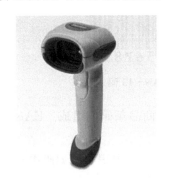

图 2 - 40　条码扫描器

条码扫描器按其扫描方式可分为有触点条码扫描器和非接触式条码扫描器两种；按扫描方向可分为光笔扫描器、CCD 扫描器、激光扫描器、摄影扫描器四种。智慧物流中常用以下几种扫描设备或软件。

1. 手持激光扫描器

手持激光扫描器属于单条扫描方式，具有景深大、首次扫描读取速度和准确度高、扫描宽度不受仪器孔径影响等特点，目前有旋转式和反射式两种类型。旋转式利用高速电机驱动棱镜群转动，将半导体激光器输出的单光束转变为一束激光束。反射式的制造成本比旋转式要低，但是用此方法扫描时，扫描速度很难提高，通常只有 33 下/秒。商用公司选用手持激光扫描器时，主要的考量指标为扫描速度及解析度，而景深并非主要考量因素。

2. CCD 扫描器

CCD 扫描器采用电荷耦合器件（CCD）对条码图像进行图像处理，并将其解码。CCD 扫描器利用 LED（发光二极管）的泛光来照亮整条条码，并利用平面反射镜和光栅将条码符号投射到探测器阵列，借助探测器进行光电转化，最后通过检测器对每个发光二极管进行顺序检测，从而实现条码识别。在选用 CCD 扫描器的时候，必须注意两个要素，一个好的 CCD 扫描器应该不需要贴条码就能辨认出来，并且它的尺寸不大，操作起来也很方便。

3. 全角度激光扫描器

全角度激光扫描器采用光学系统，使产生的激光经过多次反射，形成多条扫描线，从而大大减轻操作人员在录入条码时的负担。在选取设备时，要注意其扫描线斑点的分布情况，即在某一方向是否有多条平行线，在某一点是否有多条扫描线，在某一空间内各点的扫描结果是否具有一致性。

4. 条码识别软件

条码识别软件是一种能够读取二维码和二维码相关应用程序的软件。条码识别软件可以将二维码扫描到每部智能手机上，让手机变成了一台数据收集器。条码识别软件在快递物流、医疗管理、家电售后、销售管理、政府政务等多个领域得到广泛应用，让企业的移动办公效率得到大幅提升的同时，降低了成本。

九、条码打印设备

条码打印设备主要用于条码标签的打印，分为条码打印机和配合软件的激光打印机。条码打印机是一种专用的打印机，与普通打印机的最大区别在于：条码打印机的打印是以热为基础，以碳带为打印介质，完成打印。这种打印方式相对于普通打印最大的优点在于可以在无人看管的情况下实现连续高速打印。企业可根据实际需要选择针式条码打印机、商用条码打印机、专用条码打印机、便携式条码打印机等。

在打印领域，针式条码打印机一直占领着市场的主导地位。这种打印机具有分辨率适中、打印迅速、耗材便宜、高速跳行、维修方便等特点，因此针式打印机是办公和事务处理（如打印报表、发票等）优选机种。

商用条码打印机是商业印刷常用的条码打印机，这一领域要求印刷的质量较高，有时还要图文并茂，因此一般选用高分辨率的激光条码打印机。

专用条码打印机包括微型条码打印机、存折条码打印机、平推式票据条码打印机、热敏印字机等。

便携式条码打印机一般用于配套笔记本计算机，具有体积小、重量轻、可用电池驱动、便于携带等特点。条码打印机如图 2-41 所示。

图 2-41 条码打印机

知识点 3：射频识别设备

 扩展阅读

生鲜水果产品溯源

果农将采摘好的水果贴上 RFID 标签，再将水果的生产地、品种、采摘时间、水果生产商等信息录入 RFID 标签内。当新鲜水果流经到水果销售商时，销售商使用 RFID 读写器扫描其标签，即可得到水果的全部信息，包括杀虫、消毒等具体信息。水果流入市场时，RFID 标签信息已经转化为对应的二维码，消费者只需要使用手机扫描二维码，即可获取水果的生产地、品牌、何时采摘、何时流到市场等信息。

医疗废弃物管理追踪

医院在完成医疗废弃物的称重后，将相关的信息写入植入医疗废弃物回收箱中的 RFID 标签中，并将该信息及时上传到云端系统，与医疗废弃物销毁中心同步该数据，在焚烧时，再进行一次称重核对数据，保证医疗废弃物不流失、不外泄。

思考：

1. 你还知道无线射频识别技术可以应用在哪些方面？

2. 水果在市场流通过程中，射频识别技术是如何帮助各环节进行信息传递的？

3. 通过学习，你认为射频识别技术与条码扫描技术有何区别？

一、射频识别技术的概念

射频识别（Radio Frequency Identification，RFID），又称无线射频识别、电子标签、感应式电子晶片、近接卡、感应卡、非接触卡、电子条码。RFID 系统采用了一种无接触的自动识别方法，利用无线电波来实现对被测物体的自动识别，并获得相应的信息。该方法不需要人为介入，可以适应多种恶劣环境。此外，RFID 技术还可以对高速移动的目标进行快速识别，并且能够对多个标签进行一次性识别，从而实现快速、便捷的操作。短程射频产品不受油污、粉尘污染等苛刻条件的影响，可以取代条码，用于工厂生产线上对物品的追踪。远距离的射频产品主要应用在交通领域，可以在数十米的范围内进行识别，如自动计费或车辆的身份识别。

二、射频识别系统的组成

最基本的射频识别系统一般由三部分组成。

1. 电子标签

电子标签是射频识别系统的核心部件，其直径不到 2mm，通过传感器发射的无线电波，读取电子标签内存储的信息，识别电子标签代表的物品和人的身份。

2. 读写器

读写器是一种由天线、耦合元件和芯片构成的用于读出（必要时也可对其进行写入）的装置。读写器可以对存储在电子标签上的电子信息进行非接触式的读取，实现对电子标签的自动识别。读写器连接在计算机上，将读出的标签信息发送给计算机，以便进一步处理。不同类型的读写器如图 2 - 42 至图 2 - 44 所示。

图 2 - 42　手持式 RFID 读写器　　图 2 - 43　便携式 RFID 读写器　　图 2 - 44　超高频 RFID 读写器

3. 天线

天线是一种收发设备，用于在标签和读写器之间进行数据传输。在实际应用中，除系统功耗外，天线的外形、相对位置等因素对数据的收发也会产生影响，因此，该系统的天线必须由专门的人员来设计、安装。RFID 天线如图 2 - 45 所示。

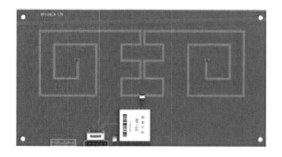

图 2 - 45　RFID 天线

三、射频识别技术的优点

RFID 是一种无线形式的条码，相对于传统的人工顺序阅读，RFID 具有独特的优势，它的使用将给零售、物流等行业带来巨大的变革。RFID 技术具有以下 5 个主要优点。

①防水，抗磁性，耐高温，经久耐用。

②能实现无接触式操作。它并不受视觉限制，具有超过光学系统的辨识范围，可以透过雪、雾、冰、灰尘，在条码不可用的严酷环境中读取标签。该方法可以在同一时间对多个对象进行无接触识别。这意味着，在超市里，如果所有的产品都使用了电子标签，在付款时，人们将不再需要排队等待。

③具备良好的阅读和书写能力。电子标签中所存储的资料可以随意修改。

④能以极快的速度承载海量数据。

⑤电子标签上的资料，能够进行加密和保护，不易被仿冒，这是条码所无法比拟的。

四、条码技术和 RFID 技术的区别

条码技术就是在被测物体上贴上一条已编码的条码，然后通过一种特殊的扫描读取装置，利用光学信号把该信息传递给条码识读设备；而射频识别技术是采用一种特殊的射频识别装置和能够黏附在物体上的射频识别标签，通过射频信号将信息传递给 RFID 读写器。

五、射频识别技术的分类

当前，基础数据的实时采集是物流管理信息系统存在的基础，而且物流产生的实时数据比其他任何环节都要密集，数据量更大，因此要求在设计、实现这些系统时，要具备可动态识别目标、识别距离长、数据采集量大、信息可动态更新的功能。智慧物流中使用的射频识别装备主要包括电子标签、读写器和集成应用系统。

1. 根据工作频率的不同，对电子标签进行分类

电子标签作为数据载体，能起到坐标识别、物品跟踪、信息采集的作用。电子标签的工作频率是最重要的指标之一。按工作频率的不同，电子标签可划分为低频段电子标签、中高频段电子标签、超高频与微波标签三类。

（1）低频段电子标签

低频段电子标签（简称"低频标签"）是指在 125kHz 到 133kHz 工作的电子标签。低频标签是被动标记，其工作能量由读写器与线圈之间的电磁感应（磁）耦合产生。相对于其他波段，该波段的主要优点包括以下几点：①通常使用通用的 CMOS（互补金属氧化物半导体）制程，省电且便宜，操作频率不受限于无线频率；②能透过水，透过有机组织，透过木头等；③适用于短距离、低速、对数据量要求不高的应用场合。低频段电子标签的缺点是：标签所存储的数据量小，仅适用于低速和短距离识

别的应用；其标签天线的圈数较高，且价格较高。

（2）中高频段电子标签

中高频段电子标签通常工作在3MHz至30MHz，主要使用13.56MHz的频率。中高频电子标签通常也为被动模式，其工作能量与低频标签相同，均由读写器与线圈之间的电磁感应（磁）耦合产生。在读写器与标签之间进行数据传输时，需要将标签放置在读写器和天线的近场范围之内。中高频段电子标签的读取距离通常不超过1米，最大读取距离在1.5m以内。中高频段电子标签因其易于制成卡片的形式，常应用于电子门票、电子身份证、电子闭锁防盗（电子远程控制门锁）等方面。中高频段电子标签的基本特性与低频段电子标签相近，因其工作频段的增加，可选择更高的数据传输率。

（3）超高频与微波标签

超高频与微波标签（简称"微波电子标签"）的代表性工作频率分别在433.92MHz，860－960MHz，2.45GHz，5.8GHz。微波电子标签可分为主动式和被动式两种。从现有的技术水平来看，被动式微波电子标签主要在902－928MHz的波段工作。目前，市场上的2.45GHz、5.8GHz的RFID系统大部分都采用半被动式的微波电子标签。目前，大部分无源标签使用纽扣电池供能，其读取距离更长，同时仍须考虑无源性、无线读写距离、能否支持多标签的读写、能否适用于高速识别应用、读写器的传输功耗容许、电子标签和读写器的价格等因素。而无线书写的电子标签，由于需要较多的能耗，所以一般条件下，其书写距离要比读取距离短。微波电子标签通常以2kB为限，其主要作用是对产品进行标记和非接触式的识别。典型的应用领域有：机动车辆识别、电子身份证、仓储物流、电子闭锁防盗（电子远程控制门锁）等。

2. 根据电子标签的功能不同，对其进行分类

根据功能不同，电子标签可分为读写（RW）卡、一次写入多次读出（WORM）卡和只读（RO）卡三种。RW卡一般比WORM卡和RO卡贵，如电话卡、信号卡等。一般情况下改写数据所花费的时间远大于读取数据所花费的时间（常规下改写数据所花费的时间是s级，读取数据所花费的时间是ms级）。WORM卡是用户可一次性写入的卡，写入后数据无法改变。RO卡存有一个唯一的号码，不能修改，能保证安全性，RO卡价格最便宜。

3. 根据电子标签的有源与无源，对其进行分类

电子标签可分为有源和无源两种。有源电子标签使用卡内电池的能量，读取距离较长，最多可达十几米，但是它的寿命有限（3～10年），且价格较高。无源电子标签不含电池，利用读写器发射的电磁波提供能量，重量轻、体积小、使用寿命长、价格便宜，但它的发射距离受限，一般只有几十厘米，且需要发射功率较大的读写器。

4. 根据调制方式的不同，对电子标签进行分类

根据调制方式的不同还可以将电子标签分为主动式电子标签和被动式电子标签。

主动式电子标签用自身的射频能量主动地发送数据给读写器。

被动式电子标签使用调制散射方式发射数据。它必须利用读写器的载波调制自己

的信号，适宜在门禁或交通领域应用，因为读写器可以确保只激活一定范围内的射频卡。

六、RFID 的工作原理

RFID 的工作原理非常简单：当标签进入一个磁场中，它收到读写器发出的特定的射频信号，就可以根据感应电流产生的能量，将储存在标签里的产品信息（如被动式电子标签、无源电子标签）发射出去，读写器将这些信息进行译码，然后再传送到中央信息系统，完成相关的数据处理。RFID 的工作原理如图 2‑46 所示。

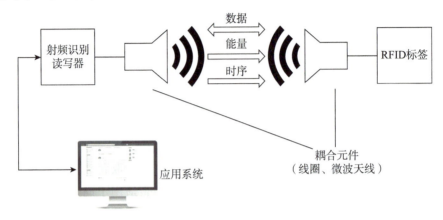

图 2‑46　RFID 的工作原理

七、射频识别技术在物流中应用

射频识别技术具有广阔的应用空间，适用于物料跟踪、运载工具和货架识别等要求非接触数据采集和交换的场合。由于射频识别标签具有可读写能力，对于需要频繁记录数据内容的场合尤为适用。电子标签能够在人员、地点、物品上使用。目前，射频识别技术最流行的应用是在运输（汽车和货箱身份证）、路桥收费、保安（进出控制）、自动生产等方面。例如，AGV 在电子标签指导下在场地上运行。其他应用还包括自动存储和补充、工具识别、人员监控、包裹和行李分类、车辆监控和货架识别等。

知识点 4：其他智慧物流信息设备

智慧物流移动终端设备是现代物流系统中一个至关重要的组成部分，它通过集成先进的计算机技术、通信技术、传感技术及大数据分析技术，实现了物流过程中信息的快速采集、处理、传递和分析。这些设备通常具备智能识别、定位、跟踪、监控等功能，能够大幅提升物流效率，降低运营成本，并优化供应链管理。

在智慧物流体系中，移动终端设备的种类多样，包括但不限于 AGV、无人机、自动搬运机器人、手持终端、车载终端等。它们在物流作业中扮演着不同的角色，如货物分拣、搬运、配送等，是实现物流自动化、智能化和网络化的重要工具。

任务实施

条码识读实践任务

实践目的

1. 能正确使用打印设备打印条码。

2. 能正确使用扫描设备扫描条码。

实践内容

1. 通过网络、图书、期刊等渠道，收集条码的相关内容，加深对条码基础知识的掌握。

2. 将所学的商品条码编码规则、商品条码所代表的含义，以及物流条码的内容归纳整理，形成调研报告。

3. 在学习完条码相关知识后，到超市、仓库等地进行参观，完善知识结构。

4. 根据教师的讲解，学生结合自己的理解，制订任务实施计划，确定负责人并实施计划。

5. 总结并形成方案。根据本组工作内容，按照一定的逻辑进行总结并进行成果展示。

6. 成果展示的形式包括但不限于文字描述，也可以包含统计表格、调研实景拍摄等。

7. 成果展示内容包括但不限于调研内容、调研时间、调研人员及分工、调研地点、调研项目、条码种类、条码类别总结、条码对应商品种类、调研结论等。

任务评价

完成上述任务后，教师组织三方进行评价，并对学生任务执行情况进行点评。学生完成表 2 - 19 的填写。

表 2 - 19　　　　　　　　　考核评价表

班级		团队名称		学生姓名	
团队成员					

	考评项目	分值	要求	学生自评（30%）	团队互评（30%）	教师评定（40%）
知识能力	理解条码的概念及内容	20 分	理解正确			
	掌握条码与 RFID 的区别	20 分	掌握准确			
	能够操作智慧物流信息设备	30 分	操作正确			

续表

职业素养	具有安全规范操作意识	10 分	安全意识强		
	语言表达流畅	10 分	表述清楚		
	具有解决问题的能力	10 分	能妥善解决问题		
成绩评定		100 分			
心得体会					

 # 牛刀小试

牛刀小试
参考答案

一、单项选择题

1. 智慧物流信息设备是指用于（　　），进行信息采集、信息传输、信息加工与应用等环节的设备，是物流信息技术在物流领域应用的实物表现，是物流信息技术与（　　）相结合的产物。

A. 物流管理；采购业务
B. 智慧物流；物流业务
C. 设备管理；物流设备
D. 物流管理；具体物流业务

2. 2023 年 7 月，国际物品编码组织（GS1）向中国物品编码中心授予商品条码前缀码（　　）码段，我国将率先启用两个码段。

A. 690－699
B. 680－689
C. 670－679
D. 690－695

3. 以下不属于常见的一维条码的是（　　）。

A. EAN 码
B. 矩阵式条码
C. 交叉 25 码
D. 93 码

4. 二维条码能储存更多的信息，同时能够表示（　　）。

A. 运输信息
B. 文字信息
C. 生产厂家信息
D. 图像信息

5. 条码扫描器按其扫描方式可分为有触点条码扫描器和（　　）条码扫描器。

A. 接触式
B. 非接触式
C. 卡式
D. 扫描式

6. 由于射频识别标签具有（　　），对于需要频繁记录数据内容的场合尤为适用。

A. 储存能力
B. 追溯能力
C. 可读写能力
D. 可查询能力

7. （　　）作为数据载体，能起到坐标识别、物品跟踪、信息采集的作用。

A. 电子标签
B. 读写器
C. 天线
D. 应用软件

8. （　　）是商业印刷常用的条码打印机，这一领域要求印刷的质量比较高，有时还需要图文并茂。

A. 专用条码打印机
B. 便携式条码打印机
C. 通用条码打印机
D. 商用条码打印机

9. 电子标签是射频识别系统的核心部件，其直径不到（　　），通过几厘米到几米距离的传感器发射的无线电波，可以读取电子标签内储存的信息，识别电子标签代表的物品和人的身份。

A. 2mm　　　　　　　B. 3mm　　　　　　　C. 4mm　　　　　　　D. 5mm

10. 以下不属于射频识别技术优点的是（　　）。

A. 防水　　　　　　　　　　　　　B. 良好的阅读和书写能力

C. 低速承载海量数据　　　　　　　D. 经久耐用

11. EAN－13码的码制符号结构由左侧空白区、（　　）、左侧数据符、中间分隔符、右侧数据符、（　　）、终止符和右侧空白区组成。

A. 起始符；校验等　　　　　　　　B. 中间符；校验等

C. 校验码；中间符　　　　　　　　D. 中间空白符；校验等

二、多项选择题

1. 智能物流信息设备的特点可以概括为（　　）。

A. 实时性　　　　　B. 准确性　　　　　C. 全面性　　　　　D. 可追溯性

2. 智慧物流信息设备可以划分（　　）。

A. 物流动态信息采集装置　　　　　B. 物流溯源装置

C. 物流信息处理设备　　　　　　　D. 物流自动化设备

3. 可能会使用到条码及其扫描设备的领域有（　　）。

A. 图书管理　　　　B. 体检预约　　　　C. 零售终端　　　　D. 物品追溯

4. 下列属于条码的特点的有（　　）。

A. 简单　　　　　　　　　　　　　B. 可靠性高

C. 实用性强　　　　　　　　　　　D. 能够快速获取信息

5. 条码打印设备主要用于条码标签的打印，其可分为（　　）。

A. 家用打印机　　　　　　　　　　B. 条码打印机

C. 便携式条码打印机　　　　　　　D. 配合软件的激光打印机

6. 按工作频率可将电子标签划分为（　　）。

A. 低频　　　　　　B. 中频　　　　　　C. 中高频　　　　　D. 超高频与微波

7. 以下关于条码和 RFID 的说法正确的是（　　）。

A. 原理上两者都涉及信息的自动识别与读取

B. 条码技术是通过识别被测物体上的条码图案，将信息以光学方式读取出来

C. 射频识别技术是采用一种特殊的射频识别装置和能够黏附在物体上的射频识别标签，通过射频信号将信息传递给 RFID 读写器

D. 两者的传输信号的设备在功能上有所不同，但都可以用于信息的自动化采集

8. 低频段电子标签适用于（　　）。

A. 短距离，低速，对数据量要求不高的应用场合

B. 适用于高速识别应用

C. 适用于低速和短距离识别的应用

D. 以上均适用

9. 根据调制方式的不同可以将 RFID 分为（　　　）。

A. 正向　　　　　　B. 主动式　　　　　　C. 逆向　　　　　　D. 被动式

10. 智慧物流中使用的射频识别系统主要包括（　　　）。

A. 电子标签　　　　B. 读写器　　　　　　C. 天线　　　　　　D. CCD 扫描器

三、简答题

1. 条码识读设备具体有哪些种类？

2. 条码和 RFID 有什么区别？

3. 射频识别系统由哪些内容组成？

4. RFID 的工作原理是什么？

四、案例分析题

华为利用 RFID 技术实现仓库管理的精细化

华为作为全球领先的通信设备制造商，其业务遍布全球。为了更好地满足市场需求和提高竞争力，华为开始探索仓库管理的智能化和精细化。其中，RFID 技术的应用成为华为仓库管理的重要手段。

华为在仓库管理中引入了 RFID 技术，将 RFID 标签贴在每个物品上，通过 RFID 读写器和后台系统实现了对库存物品的实时监控和管理。每个物品都有一个唯一的 RFID 标签，通过 RFID 读写器可以快速准确地获取物品的信息，包括物品名称、数量、储存位置等。通过后台系统，仓库管理人员可以实时掌握库存情况，实现库存的精细化管理。

通过 RFID 技术，华为仓库管理实现了自动化和智能化的库存管理。在入库环节，通过 RFID 读写器快速识别物品信息，自动记录入库数量和存放位置；在出库环节，根据订单需求快速定位和提取物品；在盘点环节，通过 RFID 读写器自动扫描和记录库存信息，提高盘点效率和准确性。

此外，华为还利用 RFID 技术实现了对仓库环境的监控和管理。将温湿度、烟雾等传感器与 RFID 技术相结合，可以实时监测仓库环境状况，及时发现异常情况并采取相应措施，确保仓库安全和物品的保存质量。

通过应用 RFID 技术，华为实现了仓库管理的精细化、自动化和智能化，提高了库存精度和效率。这不仅降低了库存成本和管理难度，也为企业的发展提供了有力支持。未来，华为将继续探索和应用新技术，推动仓库管理的进一步升级和创新。

顺丰速运利用 RFID 技术实现快递配送的智能化

随着电子商务的快速发展，快递业务量也在急剧增加。对于快递公司来说，如何提高配送效率、确保货物安全并及时送达是面临的重要挑战。顺丰速运作为国内领先的快递企业，率先采用 RFID 技术，实现了对快递货物的实时监控和跟踪，提高了配送效率和客户满意度。

RFID技术通过在快递货物上粘贴RFID标签，利用RFID读写器和后台系统，可以实现对快递货物的实时跟踪和定位。在配送过程中，每个快递货物都有一个唯一的RFID标签，工作人员通过读写器可以快速准确地获取货物的信息，包括货物类型、数量、目的地等。通过后台系统，配送员可以实时掌握货物的位置和状态，合理规划配送路线，减少重复配送和误投的情况。

除了提高配送效率，RFID技术还为顺丰速运提供了更加安全可靠的货物监控方式。通过实时跟踪和定位，可以及时发现货物异常情况，如货物丢失、破损等，有效降低货物损失风险。同时，对于贵重物品或高价值货物，通过RFID技术可以更加精确地监控和管理，确保货物安全送达。

通过应用RFID技术，顺丰速运不仅提高了配送效率和服务质量，也提升了企业的竞争力和品牌形象。随着物联网技术的不断发展，顺丰速运将继续探索和应用新技术，推动快递行业的智能化和高效化发展。

阅读上述材料内容，回答下列问题：

（1）华为是如何利用RFID技术实现仓库管理精细化操作的？

（2）顺丰速运在利用RFID技术实现快递智能化配送过程中，有哪些具体操作？

（3）RFID技术在智慧物流各个环节中，有哪些重要作用？

（4）为了更好地推进智慧物流的健康发展，你认为RFID技术在应用时还可以和其他哪些业务模块或项目相结合？

任务二　智慧物流信息系统认知

智慧物流信息系统通过集成多种先进技术，实现了对物流全过程的精细管理。它不仅提高了物流操作的效率和透明度，还为企业决策提供了强大的数据支持。随着技术的不断进步，未来的智慧物流信息系统将更加智能和高效，进一步推动物流行业的发展。

扩展阅读

大数据之沃尔玛"啤酒加尿布"

总部位于美国阿肯色州的世界著名商业零售连锁企业沃尔玛，拥有世界上最大的数据仓库系统，为了能够准确了解顾客在其门店的购买习惯，沃尔玛对其顾客的购物行为进行分析。沃尔玛数据仓库里集中了其各门店的详细原始交易数据，在这些原始交易数据的基础上，沃尔玛利用 NCR（企业名称）数据挖掘工具对这些数据进行分析和挖掘，可以很轻松地知道顾客经常一起购买的商品有哪些。一个意外的发现是：跟尿布一起购买最多的商品竟是啤酒！这是数据挖掘技术对历史数据进行分析的结果，反映数据内在的规律。沃尔玛派出市场调查人员和分析师对这一数据挖掘结果进行调查分析，经过大量实际调查和分析，揭示了隐藏在"啤酒与尿布"背后的一种行为习惯：在美国，一些年轻的父亲下班后经常要到超市去买婴儿尿布，而他们中有 30%～40% 的人同时也为自己买一些啤酒。既然尿布与啤酒一起被购买的机会很多，于是沃尔玛就在其某门店内将尿布与啤酒摆放在一起，结果是尿布与啤酒的销售量双双增长。

思考：

1. 沃尔玛"啤酒加尿布"的经营策略获得成功的原因是什么？

2. 大数据在使用时还需要配合哪些手段或系统？

3. 你还知道哪些大数据应用的实例？请和大家分享。

知识链接

知识点 1：大数据

一、大数据的基本概念

大数据（Big Data）指无法在一定时间范围内用常规软件工具进行捕捉、管理和处理的数据集合，是需要新处理模式才能具有更强的决策力、洞察发现力和流程优化能力的海量、高增长率和多样化的信息资产。大数据技术的战略意义不在于掌握庞大的数据信息，而在于对这些具有意义的数据进行专业化处理。换言之，如果把大数据比作一种产业，那么这种产业实现盈利的关键在于提高对数据的"加工能力"，通过"加工"实现数据的"增值"。适用于大数据的技术包括大规模并行处理（MPP）数据库、数据挖掘技术、分布式文件系统、分布式数据库、云计算平台、互联网和可扩展的存储系统。

二、物流大数据的特征

面对海量数据，物流企业在持续加大大数据的投入时，不仅要将大数据视为一种数据挖掘、数据分析的信息技术，更要将其视为一种战略资源，充分利用大数据带给物流企业的发展优势，从战略规划、商业模式到人力资本等多个层面进行全面的部署。物流大数据具有以下特征。

①容量（Volume）大：数据的大小决定了所考虑的数据的价值和潜在的信息。

②种类（Variety）多：数据类型具有多样性。

③速度（Velocity）快：获得数据的速度很快。

④可变性（Variability）：这妨碍了有效数据管理和信息处理的过程。

⑤真实性（Veracity）：这决定了数据的质量。

⑥复杂性（Complexity）强：数据量巨大，来源渠道多。

⑦价值（Value）高：合理运用大数据可以兼顾低成本和高价值。

三、智慧物流大数据的指标内容

在物流业中，常用的数据指数涉及五个方面，分别是接收、存储、选择、装运、返回。

1. 接收指示数据

接收资料，包括到达数量、订单数量、运载工具装载数量、接收区域规模、接收工作时间、每日接收 SKU 数量等。车辆装载与卸载时间是车站设计中的重要问题，包括车辆的尺寸、载重等。同时也要对卸货方式、速度进行分析，以便确定站台数目。通常情况下，收货相对容易。由于每天都有很多种类的货物进入仓库，而且货物都混杂在一起，所以接收货物时需要特殊处理。一些电子商务网站的收货流程也很烦琐，比如要做 QC（质量控制）等，对于收货区域也有不同的要求。

2. 关于指示数据的存储

仓储是物流中一个重要的环节，仓储容量是物流系统设计中的一个关键问题，而存货量的确定又是一个值得研究的问题。除总库存量外，还须考虑 SKU 数量、不同仓储模式对库存量的需求等。仓库的设计往往涉及多个方面。因此，在设计时要明确存储的方法，需要哪些条件。通常仓储方式有 2 种，即以托盘为单元的仓储（包括立架仓储和平面仓储）和箱式仓储。

当然，也有打包、麻袋、散料、条状（如钢铁）、异型（如衣服等）等特殊物资，在设计中应兼顾到。

3. 选择指示数据

拣选资料包含拣选的订单数量、订货数量、出货数量、整件出库数量、零件出库数量等。

在选择和经营商品时，ABC 分类法很重要，它是按照商品的重要性，将商品分为 A、B、C 三类，并对其分别进行管理。

A 类商品：大约占总种类的 10%；但是每年消费的比重在 70%左右，所占的比重很大，是一个重要的少数，必须加以重视。

B 类商品：大约占总种类的 20%；每年消费的比重在 20%左右，各品种的比例和金额的比例大致相等，正常经营即可。

C 类商品：大约占总种类的 70%，所占比重较大；但每年的消费约为总消费的 10%，这类产品的需求量很大，但每年产生的利润有限，要注意日常管理。

在管理仓库的过程中，要把重心放在重要的工作上，同时 B 类和 C 类的货物也要兼顾到。

拣货作业是对货物的拣选、装箱及搬运作业，所以拣货作业的具体内容也是十分重要的。其中，整件出库数量、整体出库量、拆零出库量等都是设计中的关键问题。

4. 装运指示数据

在运输过程中，运输路线、运输数量、运输方式、运输时间和货物周转时间是运输设计的重要依据。分拣器上的格栅不能无限制地增大，所以在设计时必须考虑波次的影响，这样才能有效地控制格栅的数量。

一些物流中心的出货区面积较小，月台停车空间有限，这就给货物运输带来了极大的困难。集货区的规模取决于装运波次，许多小型物流中心，仅安排一天一次装运。对于大型物流中心而言，通常需要将货物分成多个大波次，每一个大波次下又有多个小波次，从而极大地减少集货区的需求量。随着人们对物流的理解不断加深，出货、装车两个环节也变得日益重要。所以，在设计时必须紧跟时代，充分考虑运输区域的自动化程度。

5. 返回指示数据

回收资料并不平衡，具有较大的波动性，相关资料包括订货量、SKU 等。

在进行数据分析时，要把回收资料分离开来。由于其工作时间和工作量不同，且对于退回而言，其工作流程也会对原定计划造成影响。普通的数据分析只需要提供返回数量，包括订单数、SKU、数量等。

四、智慧物流大数据的数据分析工具

1. Excel

Excel 电子表格软件是一个比较直观的工具，物流也是一个以直观的实物流动为基础的环节，但它们的结合并不直观，因为 Excel 电子表格软件是物流引起的信息流的表现载体，必须以一定的逻辑顺序进行组织安排，才能正确又高效地进行物流供应链数据的处理工作。

在日常的数据处理中，常用的 Excel 电子表格软件函数有 VLOOKUP、RIGHT、LEFT、MID、SUM、IF、INDEX、MATCH 等。另外，通过对 Excel 电子表格软件功能的深度挖掘，如通过 VBA（Visual Basic for Applications）发挥 Excel 电子表格软件更深的应用，解决数据统计分析中的各种难题，能大大提高办公效率。总体而言，Excel 电子表格软件是一个集数据表、工作函数、VBA 应用程序和强大的报表处理于一身的实用工具。

2. MATLAB

MATLAB 是美国 MathWorks 公司推出的一个高技术计算环境，它主要面向科学计算、可视化和交互式编程。该软件集数值分析、矩阵运算、科研数据可视化、非线性动力系统建模与模拟于一体。利用 MATLAB 强大的运算能力，可以很好地解决物流企业进行数据分析时所面临的问题。

例如，在物流企业中，为减少物流费用，需要对物料的重新调配进行研究，以求运输费用最少。研究物流系统的优化调度问题，就是要在满足多种资源约束的情况下，寻找出最少的运输费用。在实际应用中，一般采用数学建模和定量分析的方式进行求解。这类问题包含了大量的条件变量，用普通的数学方法计算起来比较困难，而且很难得到结果。而在最优问题中，最简单、最基本、应用最广的就是线性规划。由于采用人工方法求解，不仅效率低下，而且计算过程烦琐，数据容易丢失，所以需要借助MATLAB进行求解。利用MATLAB中的最优工具包可以实现线性规划、非线性规划、多目标规划等一系列问题的求解。同时，也为解决非线性、非线性极小化、方程解、曲线拟合、二次规划等中大型问题提供有效的方法，从而使优化理论的工程应用变得更加便捷和快速。

3. 智慧物流信息大数据平台

中国物流行业正在进入全面数字化时代，整个产业链在不同企业间，也将实现全面联动和数据打通。在此基础上，以大数据、物联网、云计算、5G及人工智能为核心的新技术，推动数字化与智能化的深度融合，现代物流体系将从数字化时代跃升至数智化时代。

依托全要素数字化、全连接和感知交互，结合BI（商业智能）＋AI技术对各类物流资源进行大数据分析、智能预测及自主优化调度，辅助做出经营管理决策，用"数智化"的手段帮助物流实现开源、透明、降本、增效的目标。

以中国物流信息中心发布的2024年第二季度现状分析为例，在调查的2050份问卷中，85％的问卷是有效的。报告中反映2024年第二季度物流企业业务量与第一季度相比有明显曾长，尤其是出口及消费领域业务量增长的企业占比大幅提升。报告还从物流企业营收、经营成本、应收账款、设施设备更新领域分布等方面进行统计分析，得出第三季度物流预警预测报告，即通过大范围的数据收集、汇总、整理、分析后，得出预测结论，对于行业后期发展给予数据支撑。报告显示，物流企业设施设备更新领域分布广泛，积极服务于消费品以旧换新。物流企业设施设备重点更新领域分布如图2-47所示。

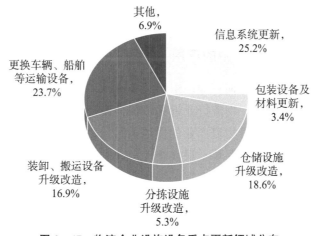

● 重点升级领域：信息系统与运输设备均在20%以上。仓储设施和装卸、搬运设备在15%以上，包装设备及材料、分拣设施在4%左右。

其他，6.9%
信息系统更新，25.2%
更换车辆、船舶等运输设备，23.7%
包装设备及材料更新，3.4%
装卸、搬运设备升级改造，16.9%
仓储设施升级改造，18.6%
分拣设施升级改造，5.3%

图2-47 物流企业设施设备重点更新领域分布

五、智慧物流大数据的分析过程

大数据分析的过程一般包括：数据采集、清洗、存储、数据处理、呈现、分析预测等。在数据采集环节，通过传感器、RFID 标签等技术手段，实时采集物流过程中的各种数据，包括货物状态、运输路径、仓储情况等。数据存储则需要建立高效、可靠的大数据存储系统，如云存储、分布式数据库等，以便于数据的高效存取。数据处理是指对采集到的大量数据进行转换、整合，为后续的分析做好准备。数据分析则是利用统计分析、数据挖掘、机器学习等技术手段，对经过处理的数据进行深入分析，挖掘出有价值的信息和规律。

在数据获取上，现有的 RFID 技术、传感技术、系统日志抓取技术、EDI 技术及移动互联网数据抓取技术等，都能从仓内运营中获得各种类型的结构化、半结构化（弱结构化）及非结构化的数据，海量数据是大数据知识服务于仓储物流的根本。目前，仍要突破的技术有：分布式高速、高可靠的数据采集和高速数据全映像等大数据收集技术，高速数据解析、转换与装载等大数据整合技术等。物流数据分析过程如图 2-48 所示。

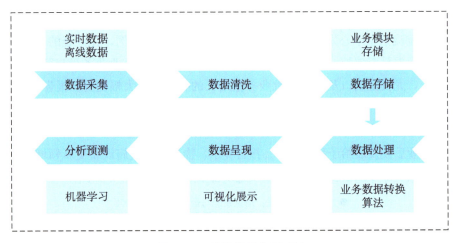

图 2-48 物流数据分析过程

六、大数据在智慧物流中的应用

在大数据时代背景下，任何行业、组织及个人都不可能脱离它，或者成为数据贡献者，或者成为数据采集者。物流行业近些年快速发展，互联网技术的发展给物流行业带来了前所未有机遇。随着物流产业的发展，大量物流企业主动从技术装备、业务模式等方面进行供给侧调整与改革。很多企业都在利用大数据、物联网和人工智能等新技术构建具有竞争力的物流解决方案，强化数据连接，打通从生产、运输、仓储到分销的供应链信息流，使用人工智能算法降低多个环节的物流成本，提高物流效率，推动智慧化转变。

2024 数智物流峰会在杭州举行，会上成立了物流行业首个联盟"物流智能联盟"，该联盟专注于大模型应用的研究与实践。

回看 2023 年，大模型是绕不开的重点，也被认为是革命级的生产力工具，可以在新的时代里对多个行业进行重塑，物流行业自然也在其中。"物流＋大模型"的探索，旨在寻找落地应用，实现物流产业的降本增效。自 2023 年开始，已有多家物流平台和企业纷纷投身其中。

技术是增效降本的"利器"，是新时期物流最大的生产力。目前，使用阿里云服务的中国物流平台较多。"物流智能联盟"的成立，可以加速物流行业大模型的落地，进而优化物流供应链的各个环节，让物流更智能、更高效，为物流行业提供更好的服务和解决方案。

2023 年，顺丰科技有限公司发布了首个在物流领域大规模应用的数字孪生实践。在物流典型的中转分拣场景，该技术 1 天内可以在虚拟环境下验证并优化 1000 次分拣计划，向全国 60 多个中转场快速复制后，平均每个中转场提升了 8％ 以上的产能。

大数据做打底是提高数字世界精准度，降低和现实物理世界差异的前提和基础。在顺丰实现数字化的过程中，其构建了一套"1＋1＋n＋x"的框架和机制，以确保数据驱动业务的体系化运作。

第一个"1"是指大数据底盘，包括数据相关开发工具，从采集、接入、资产、质量到服务全流程的工具，确保数据能够顺利、简单地进入平台。

第二个"1"是指数据治理体系，包括立法、司法、执法、主数据标准、元数据标准、数据质量、数仓标准等，确保数据质量满足业务需求。

"n"是指若干个业务场景，包括运营、财务、市场等各个业务线，如需求预测、业财一体、潜客挖掘等。

"x"是指顺丰的智慧供应链战略，围绕消费供应链、生产供应链、制造供应链等打造智慧供应链模型，如仓网规划、路径规划、装箱规划、智能调度等。

联邦快递可以让包裹主动传递信息，通过灵活的感应器（如 Sense Aware）实现近乎实时的反馈，包括温度、位置和光照，使客户在任何时间都能了解到包裹所处的位置和环境，而司机也可以在车里直接修改订单物流信息。

除此以外，联邦快递正在努力推动更加智能的递送服务：在被允许的情况下，对客户所处的地理位置进行实时更新，使包裹更快速、精确地送到客户手中。联邦快递未来可以根据收集到的历史数据和实时增量数据，通过大数据解决方案解决更多的问题，从而提升竞争力。联邦快递物流大数据应用如图 2－49 所示。

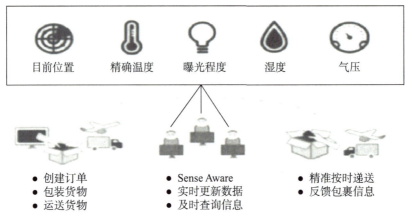

| 目前位置 | 精确温度 | 曝光程度 | 湿度 | 气压 |

- 创建订单
- 包装货物
- 运送货物

- Sense Aware
- 实时更新数据
- 及时查询信息

- 精准按时递送
- 反馈包裹信息

图 2－49 联邦快递物流大数据应用

 扩展阅读

　　2022 年 12 月，国务院办公厅印发《"十四五"现代物流发展规划》（以下简称《规划》）。《规划》中指出了现今我国物流行业的发展状态。

　　1. 科技赋能促进创新发展。移动互联网、大数据、云计算、物联网等新技术在物流领域广泛应用，网络货运、数字仓库、无接触配送等"互联网＋"高效物流新模式新业态不断涌现。自动分拣系统、无人仓、无人码头、无人配送车、物流机器人、智能快件箱等技术装备加快应用，高铁快运动车组、大型货运无人机、无人驾驶卡车等起步发展，快递电子运单、铁路货运票据电子化得到普及。

　　2. 新一轮科技革命要求加快现代物流技术创新与业态升级。现代信息技术、新型智慧装备广泛应用，现代产业体系质量、效率、动力变革深入推进，既为物流创新发展注入新活力，也要求加快现代物流数字化、网络化、智慧化赋能，打造科技含量高、创新能力强的智慧物流新模式。

　　3. 创新驱动、联动融合。以数字化、网络化、智慧化为牵引，深化现代物流与制造、贸易、信息等融合创新发展，推动形成需求牵引供给、供给创造需求的良性互动和更高水平动态平衡。

　　到 2025 年，基本建成供需适配、内外联通、安全高效、智慧绿色的现代物流体系。

知识点 2：云计算

一、云计算的基本概念

互联网开始发展时，主要用于军事、大型企业间的纯文字电子邮件或新闻集群组服务。随着 Web 网站与电子商务的发展，网络已经成为目前人们不可或缺的生活必需品。云计算的概念在 2006 年 8 月的搜索引擎战略大会上正式提出。

云计算也正在成为信息技术产业发展的战略重点，全球的信息技术企业都在纷纷向云计算转型。举例来说，每家公司都需要做数据信息化，存储相关的运营数据，进行产品管理、人员管理、财务管理等，而进行这些数据管理的基本设备就是计算机。

云计算是分布式计算的一种，是通过网络"云"将巨大的数据计算处理程序分解成无数个小程序，然后，通过多部服务器组成的系统进行处理和分析，这些小程序得到结果后返回给用户。云计算早期就是简单的分布式计算，解决任务分发，并进行计算结果的合并。因而，云计算又称为网格计算。这项技术可以在很短的时间内（几秒钟）完成对数以万计的数据的处理，从而提供强大的网络服务。

现阶段所说的云服务已经不单单是一种分布式计算，而是分布式计算、效用计算、负载均衡、并行计算、网络存储、热备份冗杂和虚拟化等计算机技术的综合运用。云计算指通过计算机网络（多指互联网）形成的计算能力极强的系统，该系统可存储、集合相关资源并可按需配置，向用户提供个性化服务。

二、云计算的类型

云计算主要有三种类型：公共云、私有云和混合云。

①公共云：面向公众提供的云服务，通常由第三方云服务提供商运营。

②私有云：企业内部使用的云服务，数据安全性较高。

③混合云：结合了公共云和私有云的特点，既享受公共云的灵活性，又保证数据的安全性。

三、云计算的优势及发展前景

1. 云计算的优势

与传统的本地信息技术（如拥有并维护物理数据中心和服务器，以获取计算能力、数据存储能力和其他资源）相比，云计算具有众多优势，主要包括以下 4 点。

（1）成本效益

云计算有助于降低购买、安装、配置和管理大型机及其他本地基础设施的费用和人力投入。客户只在使用基于云的基础设施和其他计算资源时才付费。

（2）提高速度和敏捷性

借助云计算，客户无须等待数周甚至数月，在数分钟内即可使用企业应用程序，响应 IT 部门的请求，完成硬件购买与配置以及软件的安装。这一特性帮助用户轻松使用基于云的软件，并为基础设施提供支持，特别适用于 DevOps（一种软件开发与运维管理相结合的模式）和其他开发模式。

（3）无限可扩展性

云计算可提供弹性和自助服务配置功能，因此客户可以根据流量的骤增和骤减来扩大或缩小容量，而不是购买过剩的容量，以免在流量低谷时段闲置。此外，客户还可通过云供应商的全球网络，将应用程序部署到更靠近全球用户的邻近位置。

（4）提高战略价值

云计算使组织能够利用各种最新创新成果，在竞争激烈的市场上占有竞争优势，如面向客户所在行业部署在云端的生成式 AI 虚拟助理，提供更迅速的客户响应。在制造业中，不同团队之间能够进行协作，通过基于云的软件对物流和供应链流程中的实时数据进行监控，从而达到更高效的协同效应，同时也为个人用户和小型组织提供更灵活可靠的计算资源。

2. 未来发展前景

随着数字化和智能化的逐步深入发展，云计算在更多领域的应用将得以拓展，如大数据分析领域有向人工智能领域转移的趋势。另外，云计算的发展也带来了诸如云计算工程师、数据分析师、网络安全专家等一系列工作机会的产生。随着技术的不断进步，相信未来云计算的发展前景会更为广阔。

四、云计算在智慧物流中的应用

云计算主要应用于智慧物流中的云存储、智能交通、数据分析三个方面。作为一种强大的信息技术，它为智慧物流提供数据存储、处理、分析等方面的强大功能。

1. 云存储应用

①提高仓储效率：利用云平台对货物信息进行集中管理优化，帮助物流公司在仓储管理上实现更高效的运转。

②信息共享与访问：利用云存储技术，物流信息的收集与共享变得更加便利，并且保证了信息的及时传递与决策的迅速性，使物流运营效率得到提高。

2. 智能交通应用

①运输状态监控：利用云计算在交通数据的收集与处理上的优越能力，提供精确的运输状态监控服务。

②交通预测与优化：利用云计算对交通数据的分析处理功能，对运输状况进行科学预测、规划最佳路线、熟练应用运输物流的流程，使运输效益得到最大限度的提高，使交通状况得到最大限度的改善，使物流过程得到最大限度的优化。

3. 数据分析应用

①市场需求预测：云计算平台对已有的历史销售资料和市场数据进行分析后，做出准确预测和合理的资源调配，从而帮助物流公司提高经营效益，使资源得到更有效的运用。

②提升业务决策效率：利用大数据技术挖掘物流运营中隐藏的各种机会，使运营决策具有更高的精确性和效益性。

知识点 3：物联网

一、物联网的产生与概念

1995 年比尔·盖茨在《未来之路》一书中提及物联网概念，只是当时受限于无线网络、硬件及传感设备的发展，并未引起重视。1998年，美国麻省理工学院创造性地提出了当时被称作EPC系统的"物联网"的构想。1999年，美国Auto-ID（自动识别中心）再次提出"物联网"的概念，认为物联网是建立在物品编码、RFID技术和互联网的基础上的。过去在中国，物联网被称为"传感网"。中国科学院早在1999年就启动了传感网的研究，并已取得了一些科研成果，建立了适用的传感网。同年，在美国召开的移动计算和网络国际会议提出了"传感网是下一个世纪人类面临的又一个发展机遇"。

2021年7月13日，中国互联网协会发布了《中国互联网发展报告（2021）》，该报告中提到物联网市场规模达1.7万亿元，人工智能市场规模达3031亿元。

2021年9月，工信部等八部门印发《物联网新型基础设施建设三年行动计划（2021—2023年）》，明确到2023年年底，在国内主要城市初步建成物联网新型基础设施，社会现代化治理、产业数字化转型和民生消费升级的基础更加稳固。

物联网是在计算机互联网的基础上，利用RFID、无线数据通信等技术，实现任意事物与网络的连接。在这个网络中，物品（商品）能够彼此进行"交流"，而无须人工干预。其实质是利用射频识别技术，通过计算机互联网实现物品（商品）的自动识别和信息的互联与共享。

物联网概念的问世，打破了之前的传统思维。过去的思路一直是将物理基础设施和IT基础设施分开，一方面是机场、公路，另一方面是数据中心、个人计算机、宽带网络等。而在物联网时代，钢筋混凝土、电缆将与芯片、宽带网络整合为统一的基础设施，在此意义上，基础设施更像是一块新的领域。

因此，物联网是指将无处不在的末端设备和设施，包括具备"内在智能"的传感器、移动终端、工业系统、楼控系统、家庭智能设施、视频监控系统等，以及"外在智能"的，如贴上RFID标签的各种资产、携带无线终端的个人与车辆等"智能化物品"，通过各种无线或有线网络连接物联网域名，实现互联互通，应用大集成及基于云计算的SaaS（软件即服务）营运等模式，在内网、专网、互联网环境下，采用适当的信息安全保障机制，提供安全可控乃至个性化的实时在线监测、定位追溯、报警联动、调度指挥、预案管理等管理和服务功能，实现对"万物"的"高效、节能、安全、环保"的"管、控、营"一体化。

可以简单概括为：物联网是一个基于互联网、传统电信网等信息承载体，让所有能够被独立寻址的普通物理对象实现互联互通的网络。

二、物联网的特点

1. 全面感知

全面感知即利用RFID技术、二维码技术等随时随地获取物体的信息。数据采集方式众多，实现了多点化、多维化、网络化。从感知层面来看，这不仅体现为对单一现象或目标进行多方面的观察以获取综合感知数据，还体现为对现实世界各种物理现象的全面感知能力。

2. 可靠传递

物联网通过各种承载网络，包括互联网、电信网等公共网络及电网、交通网等专用网络，建立起物联网实体间的广泛互联，具体表现在各种物体经多种接入模式实现异构互联，错综复杂地形成"网中网"的形态，将物体的信息实时准确地相互传递。

3. 智能处理与决策

智能处理与决策指利用云计算、模糊识别和数据融合等智能技术，对海量数据和信息进行处理、分析，对物体实施智能化的控制，主要体现在物联网的信息流中，从感知到传输再到决策应用的信息流，并最终为控制提供支持。同时，这也广泛展现出物联网中大量的物体之间的关联和互动。物体互动是从物理空间到信息空间再到物理空间的过程，形成感知、传输、决策、控制的开放式循环。换句话说，物联网和互联网相比较最突出的特征是实现了非计算设备间的点点互联、物物互联。

三、物联网的意义与影响

物联网作为新一代信息技术的高度集成和综合运用，具有渗透性强、带动作用大、综合效益好的特点，是继计算机、互联网、移动通信网络之后信息产业发展的又一推动者。物联网的应用和发展有利于促进生产生活和社会管理方式向智能化、精细化、网络化方向转变，极大提高了社会管理和公共服务水平，催生出大量新技术、新产品、新应用、新模式，推动传统产业升级和经济发展方式转变，并将成为未来经济发展的增长点。

四、物联网在智慧物流中的应用

物联网在物流行业的应用广泛，主要集中于以下领域。

1. 基于 RFID 等技术的多源物流信息采集与可追溯系统

例如，可视化全程协同管理的集装箱物流系统，集装箱货物从供方到需方的供应链是：接受供方货物—陆运—出口国通关—海运或多式联运—进口国通关—陆运—货物交付需方。企业给每一个集装箱都挂上电子标签，通过 RFID 和 GPS 技术的联合运用，实现供应链的全程监控。接收装置收到 RFID 标签的信息后，连同接收到的位置信息上传至通信卫星，再由通信卫星转送给港口物流中心，为港口供应链的协同管理提供依据。在整个集装箱运输过程中，集装箱自始至终都处于严格的监控中，从而保证了集装箱运输的安全。

2. 物流配送作业的可视化管理系统

物流配送作业的可视化管理系统能对物流配送过程中带有 RFID 标签的货物进行全程追踪。

3. 全自动化的物流配送中心

全自动化的物流配送中心实现了电子商务中信息流、物资流、资金流的全面整合。全自动化的物流配送中心应包括自动化立体仓库、自动给料系统、自动分拣系统、机器人码垛系统等，可以实现物流管理的自动化、智能化。

4. 通过 GPS/GIS 技术与物流管理信息系统的集成，可实现对移动指标的监控

例如，车辆监控管理系统，利用 GPS 定位、数据通信、电子地图和数据库技术，对运输车辆实行有效管理，可实现全程监控、防盗防抢、车辆搜寻、行车指引等。

知识点 4：北斗卫星导航系统

一、北斗卫星导航系统概述

1. 北斗卫星导航系统的概念

北斗卫星导航系统（BDS）是中国自行研制的全球卫星导航系统，是继 GPS、GLONASS（格洛纳斯）之后第 3 个成熟的卫星导航系统，北斗卫星导航系统和美国的 GPS、俄罗斯的 GLONASS、欧盟的 GALILEO 是全球卫星导航系统国际委员会已经认定的四大导航系统。

2. 北斗卫星导航系统的发展

20 世纪后期，中国开始探索适合国情的卫星导航系统发展道路，逐步形成了三步走发展战略：2000 年年底，建成北斗一号系统，向中国提供服务；2012 年年底，建成北斗二号系统，向亚太地区提供服务；2020 年，建成北斗三号系统，向全球提供服务。

3. 北斗卫星导航系统的发展目标

我国北斗卫星导航系统的发展目标是建设世界一流的卫星导航系统，满足国家安全与经济社会发展需求，为全球用户提供连续、稳定、可靠的服务。发展北斗产业，服务经济社会发展和民生改善，深化国际合作，共享卫星导航发展成果，提高全球卫星导航系统的综合应用效益。

4. 北斗卫星导航系统的特点

①北斗卫星导航系统空间段采用三种轨道卫星组成的混合星座，与其他卫星导航系统相比，其高轨卫星更多，抗遮挡能力强，尤其在低纬度地区性能优势更为明显。

②北斗卫星导航系统提供多个频点的导航信号，能够通过多频信号组合使用等方式提高服务精度。

③北斗卫星导航系统创新融合了导航与通信能力，具备定位导航授时、星基增强、地基增强、精密单点定位、短报文通信和国际搜救等多种服务能力。

二、北斗卫星导航系统的组成

北斗卫星导航系统分为三个部分，分别为空间段、地面段和用户段。

1. 空间段

空间段由若干地球静止轨道卫星、倾斜地球同步轨道卫星和中圆地球轨道卫星等组成。

2. 地面段

地面段由中心控制系统和标校系统组成。中心控制系统主要用于卫星轨道的确定、电离层校正、用户位置确定、用户短报文信息交换等。标校系统可提供距离观测量和

校正参数。

3. 用户段

用户段包括兼容其他卫星导航系统的芯片、模块、天线等基础产品，以及终端产品、应用系统与应用服务等。

三、北斗卫星导航系统的工作流程

①中心控制系统首先向卫星一和卫星二同时发送信号，然后卫星转发器会将信号转发到用户接收方。

②用户接收到询问信号后，会立即发出响应信号到两颗卫星，这时卫星转发器会将信号再次返给中心控制系统。

③用户发出信号后，中心控制系统接收并进行分析和解调，根据具体内容和相关请求予以恰当的处理，然后申请定位。

④按照三球交汇原理计算用户的位置二维坐标，然后查询用户高程值，并以此计算用户位置的三维坐标，以加密信息的形式发送给用户，用户随即得到自己的地理位置。

四、北斗卫星导航系统在物流领域的应用

北斗卫星导航系统在物流领域的应用主要有实时跟踪与监控、路线规划与导航、货物管理与仓储优化、运输安全保障、多技术融合等，北斗卫星导航系统在物流领域的应用为物流效率和安全性的提升提供了强有力的技术支撑，随着物流行业的不断发展和智慧物流的兴起，主要体现在以下几个方面。

1. 实时跟踪与监控

①远程定位：物流企业借助北斗卫星导航系统，通过软件或平台实时查看货物所处的位置，进行远程跟踪监控。

②提高透明度：这种实时监控的功能，不仅使物流运输的安全性和可靠性得到了提升，同时也使服务的透明性和客户的满意度得到了提升，客户可以随时了解货物的运输状态。

2. 路线规划与导航

①最佳路线选择：物流企业之所以能选择出最佳配送路线，也是得益于北斗卫星导航系统提供的精确定位服务。路线的选择对于运输具有重大意义，能帮助企业节省运输时间，节约费用开支。物流企业可以根据货物的重量、体积及交通状况等因素对路线进行优化选择，从而提高运输的效率和质量。

②导航服务：此服务得益于北斗卫星导航系统的全球卫星覆盖优势，运输过程中导航的精确性和可靠性越强，因导航失误而导致的迷路现象越少，极大地提高了运输的安全性和效率。

3. 货物管理与仓储优化

①无缝对接：将北斗卫星导航系统与现代物流仓储管理系统相连接，使货物的智

能化管理和控制得以顺利实施，企业对货物的出入库情况及库存量等进行实时监控和掌握。

②提高仓储效率：这种实时数据的交互，在降低手工操作差错的同时，也使仓储效率和货物管理水平得到了提高。

4. 运输安全保障

①紧急报警：在运输途中一旦发生意外或异常情况，北斗卫星导航系统能够及时发出预警信号，相关部门能够迅速采取救援措施，北斗卫星导航系统将准确的位置信息提供给物流企业及相关部门，帮助企业降低损失。

②行车安全：重型载货汽车和半挂牵引车对北斗卫星定位装置的安装已成为法规硬性要求，该措施在提高运输安全性的同时，使超速行驶、疲劳驾驶等违章现象也有效减少。

5. 多技术融合

①与人工智能结合：借助北斗卫星导航系统、先进的大数据处理技术和 AI 智能决策辅助手段，推动智慧物流领域再上一个新台阶的同时，还能在货物的分布和库存管理中起到有效的辅助作用。

②与 5G 结合：具体包括在高速公路和城市中应用"5G＋北斗"车路协同技术，实现智能化、精确化交通管理的尝试、探讨与调研。

北斗卫星导航系统的应用，在物流运输领域有非常大的作用，从实时跟踪与监控、路线规划与导航、货物管理与仓储优化到运输安全保障等环节都有所涉及。随着技术的不断创新与发展，北斗卫星导航系统在智慧物流领域的应用前景十分广阔，对物流行业向数字化、智能化方向转型有明显的促进作用。

 任务实施

认识大数据实践任务

实践目的

能正确认识大数据在物流过程中的收集与应用。

实践内容

1. 通过网络、图书、期刊等渠道，收集大数据的相关内容，加深对大数据基础知识的掌握。

2. 将所学的大数据的概念、种类，物流大数据的收集方式以及大数据的应用范围、应用实例等内容归纳整理，形成调研报告。

3. 在学习完大数据相关知识后，全面收集、完善知识结构。

4. 根据教师的讲解、案例的引入，结合自己的理解，制订任务实施计划，确定负责人并实施计划。

5. 总结并形成方案。根据本组工作内容，按照一定的逻辑进行总结并进行成果展示。

6. 成果展示的形式包括但不限于文字描述，也可以包含统计表格、调研实景拍摄等。

7. 成果展示内容包括但不限于调研内容、调研时间、调研人员及分工、调研地点、调研项目、大数据的覆盖范围、大数据的企业实践结论等。

任务评价

完成上述任务后，教师组织三方进行评价，并对学生任务执行情况进行点评。学生完成表 2－20 的填写。

表 2－20　　　　　考核评价表

班级		团队名称		学生姓名	
团队成员					

考评项目		分值	要求	学生自评（30%）	团队互评（40%）	教师评定（30%）
知识能力	理解大数据的概念、特点	20分	理解正确			
	了解大数据的应用范围	20分	了解全面			
	了解物流大数据的收集方法	30分	了解全面			
职业素养	具有安全规范意识	10分	安全意识强			
	语言表达流畅	10分	表述清楚			
	具有解决问题的能力	10分	能妥善解决问题			
成绩评定		100分				
心得体会						

牛刀小试

牛刀小试
参考答案

一、单项选择题

1. 大数据技术的战略意义在于对这些具有意义的数据进行（　　　）。

A. 全面处理　　　　B. 专业化处理　　　　C. 统计处理　　　　D. 动态化处理

2. 以下不属于物流大数据特征的是（　　　）。

A. 容量大 　　　　 B. 速度快 　　　　 C. 价值高 　　　　 D. 动态性

3. 比较重要的物品,可以采用（ 　 ）进行管理,这对于降低存货、节省行政费用、降低经营成本具有很大的作用。

A. ABC 分类法 　 B. 责任到人 　　 C. 分组管理 　　 D. 定位储存

4. 云计算这个概念在（ 　 ）年的搜索引擎战略大会上正式提出。

A. 2005 　　　　 B. 2006 　　　　 C. 2007 　　　　 D. 2008

5. （ 　 ）是通过提高对数据的"加工能力"实现数据的"增值"的技术。

A. 大数据 　　　 B. 云计算 　　　 C. 数据收集 　　 D. 数据传输

6. 在（ 　 ）上,现有的 RFID 技术、传感技术、系统日志抓取技术、EDI 交互数据及移动互联网数据抓取技术等,都能从仓内运营中获得各种类型的结构化、半结构化（弱结构化）及非结构化的数据。

A. 数据收集 　　 B. 数据整理 　　 C. 数据获取 　　 D. 数据分析

7. 物联网作为新一代信息技术的高度集成和综合运用,具有（ 　 ）、可靠传递、智能处理与决策的特点。

A. 数据量小 　　 B. 数据分辨度高 　 C. 传播速度慢 　 D. 全面感知

8. 2020 年,建成北斗（ 　 ）系统,向全球提供服务。

A. 一号 　　　　 B. 二号 　　　　 C. 三号 　　　　 D. 四号

二、多项选择题

1. 物流大数据的特征有（ 　 ）。

A. 容量大 　　　 B. 复杂性强 　　 C. 种类多 　　　 D. 速度快

2. 智慧物流大数据的数据分析工具包括（ 　 ）。

A. Excel 　　　　　　　　　　　　 B. MATLAB

C. WPS 　　　　　　　　　　　　 D. 智慧物流信息大数据平台

3. 物流大数据的分析过程包括（ 　 ）。

A. 大数据获取 　 B. 存储 　　　　 C. 大数据分析 　 D. 可视化操作

4.《"十四五"现代物流发展规划》中指出,现阶段（ 　 ）等新技术正在物流领域广泛应用。

A. 移动互联网 　 B. 大数据 　　　 C. 云计算 　　　 D. 物联网

5. 云计算主要的类型有（ 　 ）。

A. 公共云 　　　 B. 独立云 　　　 C. 私有云 　　　 D. 混合云

6. 云计算的优势包括（ 　 ）。

A. 成本效益 　　　　　　　　　　 B. 提高速度和敏捷性

C. 无限可扩展性 　　　　　　　　 D. 提高战略价值

7. 全自动化的物流配送中心应包括（ 　 ）、自动给料系统、机器人码垛系统等,可以实现物流管理的自动化、智能化。

A. 自动化立体仓库 　　　　　　　 B. 自动分拣系统

C. 退货系统 D. 送货系统

8. 大数据处理的过程一般包括（ ）、存储、可视化等。

A. 数据预测 B. 数据采集 C. 数据处理 D. 数据清洗

9. 北斗卫星导航系统的组成有（ ）。

A. 空间段 B. 地面段 C. 用户段 D. 信息段

10. 北斗卫星导航系统在物流领域的应用主要包括（ ）。

A. 实时跟踪与监控 B. 路线规划与导航

C. 运输安全保障 D. 货物管理与仓储优化

三、简答题

1. 物流大数据的分析过程包括什么？

2. 云计算有哪些优势？

3. 物联网有哪些特点？

4. 北斗卫星导航系统的特点有哪些？

5. 北斗卫星导航系统在物流领域有哪些应用？

四、案例分析题

材料一

随着商品的多样化与流通渠道的多元化，对于传统的仓储配送来说，多品类、多渠道、多批次的供应链管理无疑是一个巨大的挑战。在传统仓储模式下，商品从采购到消费者手中全链条效率不高，造成库存大量积压在渠道，形成"阻塞"。据统计，我国 95％的仓库管理落后，信息化水平低，与此同时，由于缺乏共享与连接，仓库使用效率难以提升，整个行业物流供应链缺乏有效的解决方案，仓储成为制约中小企业发展的关键环节。

某经营进出口母婴用品的贸易公司，经营商品品类多达 705 种，需要满足商超、便利店、电商平台、微商、分销商的供货需求。此前，仓库有 2000m²，由于缺乏规范的仓库管理体系，货物堆放杂乱无章、出货效率低下、漏发错发频现。该公司通过专业化的仓库规划，将仓库划分为 5 大功能区，并导入自主研发的 WMS（仓库管理系统），实现了"货主—货物—库位"的一对一精准匹配。结合新建立的出入库标准作业程序（SOP），拣货时可围绕波次、有效期、包装等维度，实现拣选路径自动优化，拣货员只需要按照系统提示进行标准化操作即可完成拣货。系统的仓库运营规划以及标准化、简单化、流程化的操作，使货物出入库和分拣效率更高。据该公司统计，仓库的规划升级使库存分拣成本降低 15％，上架及时率提高 20％，库容利用率提升 20％，发货及时率达到 99.95％。

材料二

物流云产生的早期就是一些传统的快递或物流公司，引入公有云或者是私有云的服务，来改造他们的 IT 基础设施，一方面能够简化 IT 基础设施运维，另一方面能够满足大促期间对弹性扩容的快速支持。

随着物流云的发展，很多公有云的合作伙伴和生产商，将物流行业的属性、解决方案及工具沉淀在云平台上，这样就可以打造出一个具有物流行业属性的云平台，这时的物流云就演变成带有行业烙印的专有云。物流云发展到今天，更多的是承载了生态的需求，利用物流云的平台、场所，整合商家、物流合作伙伴、行业独立软件开发商，共同打造一个具有物流生态行业和智慧物流行业属性的解决方案。

"云仓"作为智慧物流的代表性产物，在2015年和2016年达到了前所未有的热度，近年来菜鸟在物流方面的投入及表现，可谓引领了国内智慧物流发展的潮流。

首先，菜鸟物流云是一个数据云和服务云的升级。菜鸟物流云底层借助阿里云稳定和强大的部署，给物流合作伙伴和物流生态提供一个非常稳定和强大的公有云的平台。此平台通过电子面单、地址、数据池、菜鸟的开发工具等一系列封装，为上游的应用和生态的合作伙伴提供了一些标准的接口和服务调用接口，使合作伙伴和生态的所有参与者，利用菜鸟提供的中间件的服务产品，丰富自己的解决方案及服务能力。

其次，菜鸟物流云全球化的体系结构给基础设施强有力的支持。传统物流行业的基础设施基本上是托管在IDC（互联网数据中心），当他们服务于全球的商家、客户时，往往会受到网络延时的影响，这时用户的体验较差，就会缺少用户黏性，限制其业务发展。菜鸟物流云打造的生态圈促使了合作伙伴的入驻，将他们的服务引入物流云平台，通过物流云平台全球化的部署能力，以提升物流合作伙伴将触角伸向全球的能力。要实现这一点，一是依靠菜鸟本身的服务组件和服务全球化的多点部署能力。二是借助阿里云全球化的节点部署能力，两者结合在一起可以帮助企业快速地把业务推向全球各地。

再次，在云平台上，菜鸟主要实现了产品和服务的介入标准化以及产品模型定义的标准化工作。菜鸟希望通过这样的模式，使生态合作伙伴互通有无，互通短板的目标，最终达到整个生态圈向前发展的态势，向数据化和智慧化迈进。

最后，依托菜鸟物流云的数据服务产品和行业，让合作伙伴可以直接挖掘和分析数据，结合菜鸟物流云提供的行业数据、分析工具，简单、方便地挖掘出现有运行数据背后的价值，从而打造数据驱动的智能物流。

阅读上述材料，回答下列问题：

（1）物流云对于智慧物流的发展有什么意义？

（2）云计算能为企业发展提供哪些服务？

（3）智慧物流想要高速发展，除了云计算，还需要哪些系统设备的辅助？

材料三

美国路易斯维尔地区，大约有10万人饱受哮喘困扰。根据2012年路易斯维尔市发布的健康报告，受访的500个成年人中，有15%都称自己患有哮喘。这也让人们对当地的空气质量状况产生了担忧。因此，路易斯维尔政府与企业合作，共同推出了"路易斯维尔哮喘数据创新计划"。该计划选取了500名哮喘病患者，让他们使用Asthmapolis的传感器。每个哮喘病人可以得到价值35美元的药店的购物卡以及500美元的抽奖机会。传感器装在哮喘病人日常使用的呼吸器上，可以记录病人呼吸器的使用情况，这种记录方式比病人自己记录准确得多。传感器的数据可以上传到患者的智能手机上，通过智能手机数据还可以传送给医生。此外，通过 Asthmapolis 的移动应用，病人也可以看到针对数据的反馈意见。由于哮喘病情因人而异，因此，这样的个性化反馈对于控制哮喘病有很重要的意义。"路易斯维尔哮喘数据创新计划"采集的数据将和其他数据源结合起来，可研究其相关性并研究热点发病地区。通过研究呼吸器的数据与空气质量、交通状况、污染情况等的相关性，城市管理者可以更好地进行城市规划和公众健康保护。

阅读上述材料，回答下列问题：

（1）大数据在该案例中发挥了怎样的作用？

（2）如何利用大数据技术对相关工作的各项数据进行合理分析？

维护管理篇

模块一 设备维护保养与检修安全

学习目标

◎ 知识目标

（1）了解设备维护保养的目的。

（2）掌握设备维护保养的基本要求。

（3）掌握设备维护保养的基本内容。

（4）掌握设备的三级保养制度。

（5）掌握设备维护保养的安全流程。

（6）掌握设备常见的故障及影响因素。

（7）掌握设备故障诊断的方法

◎ 能力目标

（1）具备进行设备维护保养的能力。

（2）具备分辨设备故障的能力。

（3）能够根据设备故障，进行安全维修处理。

（4）能够对精、大、稀设备的使用进行维护。

（5）能够对设备突发故障的原因进行分析。

◎ 思政目标

（1）培养学生的应急能力与安全意识。

（2）培养学生的环保意识和可持续发展理念。

（3）引导学生树立强烈的社会责任感，让学生认识到物流行业对社会的贡献。

知识图谱

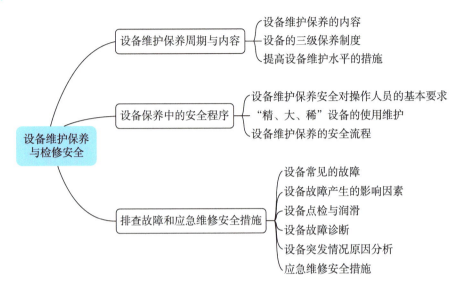

案例导入

为进一步加强港口、物流园区、铁路货场特种设备的日常监督检查，督促物流领域特种设备生产使用企业加大安全隐患排查和治理，宁夏回族自治区市场监督管理厅组织开展了港口、物流园区、铁路货场特种设备的摸底排查工作，加大对物流领域特种设备的监督和定期检验，杜绝特种设备超期未检、设备超期服役现象的发生，严禁特种设备"带病运行"。

突出主体责任落实。各级市场监管部门督促港口、物流园区、铁路货场等特种设备使用单位认真开展自查自纠，摸清设备数量、类别、作业人员证件等信息，并做好记录，建立台账。加强员工安全教育培训，建立安全管理制度和操作规程并严格执行，排查安全隐患，着力加强突发事件应急处置和防范。

突出重点设备隐患排查。各级市场监管部门对港口、物流园区、铁路货场等起重机械使用单位进行监督检查，重点检查是否开展自查自纠、是否办理设备使用登记、是否开展法定检验等，对特种设备操作人员违规行为进行规范纠正，发现安全隐患及时督促企业进行整改，做到隐患闭环管理，确保特种设备安全运行。共检查使用单位58 家，起重机械 128 台，下达安全监察指令书 4 份，发现的问题隐患已责令使用单位限期整改。

突出检验机构技术支撑。各级市场监管部门督导港口、物流园区、铁路货场等特种设备生产使用单位落实法定检验报检制度，做到应检必检；指导宁夏特种设备检验检测研究院加大对物流园区特种设备检验检测力度，落实"报检必检"。检验物流园区起重机械 317 台，检验铁路货场起重机械 103 台，坚决从源头上消除隐患，把隐患解决在萌芽状态。

突出法律法规宣传工作。此次督导检查恰逢《场（厂）内专用机动车辆安全技术规程》（TSG 81—2022）颁布实施，各级市场监管部门组织港口、物流园区、铁路货场等特种设备使用单位通过微信等线上渠道，宣贯《场（厂）内专用机动车辆安全技术规程》等，督导企业不断提升安全意识，严格依法依规管理特种设备。

随着我国对外贸易迈向高质量发展，国际货运正从传统单一的业务模式向现代物流服务加速变革，深度融入国际物流与供应链"保链稳链固链"进程中。国际货运代理行业承担着整合国际运输全链条资源、促进国际物流降本增效、畅通国际商贸流通、服务外贸进出口发展的重要任务。

任务一　设备维护保养周期与内容

📖 任务描述

随着物流业和工业生产的发展，实现物流的合理化受到广泛重视。尤其是在分拣系统等智能仓储设备开始应用普及的当下，物流系统的"低成本、高效益"的运行成为各方追求的目标。

拓展视频

实际上，智能仓储设备的使用对现代物流企业和电商企业提出了更高的要求，如何降低自动化设备的故障率、提高使用效率成为企业关注的问题。

要求：请以项目组为单位，分别从设备维护保养的内容、设备需要维护保养的周期等方面进行分析，完成"任务实施"中提出的问题。

🔍 知识链接

知识点 1：设备维护保养的内容

一、设备维护保养的基本概念

设备维护保养就是经常对设备的技术状态进行检查、调整和处理，通过擦拭、清扫、润滑、调整等一般方法对设备进行护理，以维持和保护设备的性能和技术状况。

设备在使用过程中，应经常性地进行维护保养，尽可能地保持设备的精度和性能，延长设备的使用寿命。

二、设备维护保养的目的

①减少设备事故的发生，保证设备正常高效运转，减少停机时间，避免影响生产

进度，间接节约公司使用成本。

②保持设备的性能、精度，降低维修费用，提高企业的生产能力和经济效益。

③延长设备使用寿命。

④加强设备操作中的安全性，营造舒适的工作环境。

三、设备维护保养的基本要求

①清洁：设备内外整洁，各滑动面、丝杠、齿条、齿轮箱、油孔等处无油污，各部位不漏油、不漏气，设备周围的切屑、杂物、脏物要清扫干净。

②整齐：工具、附件、工件（产品）要放置整齐，管道、线路要有条理。

③润滑良好：按时加油或换油，不断油，无干摩擦现象，油压正常，油标亮，油路畅通，油质符合要求，油枪、油杯、油毡清洁。

④安全：遵守安全操作规程，不超负荷使用设备，设备的安全防护装置齐全可靠，及时消除不安全因素。

四、设备维护保养的基本内容

设备维护保养的基本内容包括一般包括日常维护、定期维护、定期检查和精度检查。

知识点 2：设备的三级保养制度

三级保养制度是我国 20 世纪 60 年代中期开始，在总结计划预修制的基础上，与我国实践相结合，逐步完善和发展起来的，是一种以保养为主、保修结合的保养修理制。它体现了我国设备维修管理的重心由修理向保养的转变，反映了我国设备维修管理的进步和以预防为主的维修管理方针的明确性。

三级保养制度的内容包括：日常维护保养、一级保养和二级保养。

三级保养制度是以操作者为主，对设备进行以保为主、保修并重的强制性维修保养制度。做到定期保养，正确处理使用，不允许只用不养，只修不养。

三级保养制度是充分发挥群众的积极性，实行群管群修，专群结合，做好设备维护保养的有效办法。

一、日常维护保养

日常维护保养一般有日保养和周保养，又称日例保和周例保。特种设备日常维护保养记录表样例如图 3-1 所示。

1. 日保养

日保养的执行由操作人员当班负责。

日保养内容包括：班前班后由操作工人认真结合"特种设备日常维护保养记录表"进行检查，擦拭设备各部位或注油保养，设备经常保持润滑、清洁。班中认真观察、听诊设备运转情况，及时排除小故障，并认真做好交接班记录。认真做到班前四件事、班中五注意和班后四件事并遵守"五项纪律"，防止设备故障扩大。

特种设备日常维护保养记录表

设备名称：　　　　　设备编号：　　　　　使用部门：　　　　　保养人：　　　　月份：

日期 保养内容	1	2	3	4	5	6	7	8	9	10	11	12	13	14	15	16	17	18	19	20	21	22	23	24	25	26	27	28	29	30	31
周围清洁																															
设备清洁																															
加机油																															
检查易损件																															
检查安全装置																															
检查相关压力																															
检查电器线路有无破损																															
异常情况记录																															
备注																															

注：保养后用"√"表示日保。"△"为周保。"○"为月保。"×"表示有异常情况。

图 3-1　特种设备日常维护保养记录表样例

日保养周期：每班一次，用时 10～15 分钟。

班前四件事：①检查交接班记录。

②擦拭设备，按规定润滑加油。

③检查手柄位置和手动运转部位是否正确、灵活，安全装置是否可靠。

④低速运转设备，检查传动是否正常，润滑、冷却是否通畅。

班中五注意：①注意设备的运转声音是否正常。

②注意设备的温度是否正常。

③注意压力、液位、电气是否正常。

④注意液压、气压系统、仪表信号是否正常。

⑤注意安全保险是否正常。

班后四件事：①关闭开关，所有手柄放到零位。

②清除铁屑、脏物，擦净设备导轨面和滑动面上的油污，并加油。

③清扫工作场地，整理附件、工具。

④填写交接班记录和运转台时记录，办理交接班手续。

2. 周保养

周保养的执行由操作人员当班负责。

周保养的内容包括以下几项。

①外观：擦净设备导轨、各传动部位及外露部分，清扫工作场地。

②操纵传动：检查各部位的技术状况，紧固松动部位，调整配合间隙，检查互锁、保险的装置。

③液压润滑：清洗油线、防尘毡、滤油器，油箱添加油或换油。检查液压系统，达到油质清洁，油路畅通，无渗漏，无损伤。

④电气系统：擦拭电动机，检查绝缘、接地情况，达到完整、清洁、可靠的要求。

周保养周期：由操作者在每周末进行，一般设备用时 1h，精、大、稀设备用时 2h。

二、一级保养

一级保养是以操作人员为主，维修人员协助，按计划对设备局部进行拆卸和检查，清洗规定的部位，疏通油路、管道，调整设备各部位的配合间隙，紧固设备的各个部位。一级保养所用时间为 4～8h，一级保养完成后应做记录并注明尚未清除的缺陷，车间机械人员组织验收。一级保养的范围应是企业全部在用设备，对重点设备应严格执行。

三、二级保养

二级保养是以维修人员为主，操作人员参与完成。二级保养列入设备的保养计划，对设备进行部分解体检查和维修，更换或修复磨损件，清洗、换油、检查和修理电气部分，使设备的技术状况全面达到规定的标准。

二级保养完成后，维修人员应详细填写检修记录，由部门主管验收，并将记录存档。

二级保养的主要目的是减少设备磨损，消除隐患、延长设备使用寿命，以保证设备顺利完成生产任务，提高和巩固设备完好率。

三级保养的区别如表 3-1 所示。

表 3-1　　　　　　　　　　　　　　三级保养的区别

保养级别	保养时间	保养内容	保养人员
日常维护保养	每天的例行保养，每次 10～15 分钟	班前班后认真检查，擦拭设备各个部件并注油，机器紧固检查、皮带松动检查、开关（安全装置）检查、放气排水检查等，发生故障及时予以排除，并做好交接班记录	操作人员
一级保养	设备累计运转 500 小时可进行一次，保养停机时间约 8 小时	对设备进行局部解体、清洗检查、定期维护，更换消耗性零部件	操作人员为主，维修人员为辅
二级保养（相当于小修）	设备累计运转 2500 小时可进行一次，保养停机时间约 32 小时	对设备进行部分解体、检查和局部修理及全面清洗，大的故障若本企业解决不了，还要请专业保养公司实施	维修人员为主，操作人员为辅

知识点 3：提高设备维护水平的措施

为提高设备维护水平应使维护工作基本做到三化，即规范化、工艺化、制度化。

一、规范化

规范化就是使维护内容统一，哪些部位该清洗、哪些零部件该调整、哪些装置该检查，要根据企业情况按客观规律加以统一考虑和规定。

二、工艺化

工艺化就是根据不同设备制定各项维护工艺规程，按规程进行维护。

三、制度化

制度化就是根据不同设备和不同工作条件，规定不同维护周期和维护时间，并严格执行。

任务实施

阅读任务描述，回答以下问题：

1. 请根据任务描述，分析进行设备维修保养的基准有哪些？

_____

_____

_____

_____

2. 请通过网络查询现代物流公司是如何进行设备维修保养的。

_____

_____

_____

_____

3. 各组模拟管理人员，对设备维修保养工作进行安排。

_____

_____

_____

_____

任务评价

完成上述任务后，教师组织三方进行评价，并对学生任务执行情况进行点评。学生完成表3-2的填写。

表3-2   考核评价表

班级		团队名称		学生姓名	
团队成员					

考评项目		分值	要求	学生自评（30%）	团队互评（30%）	教师评定（40%）
知识能力	了解设备维护保养的基本内容	20分	了解全面			
	掌握设备三级保养制度	20分	掌握正确			
	掌握设备三级保养的区别	30分	掌握正确			
职业素养	文明礼仪	10分	使用文明用语			
	团队协作	10分	相互协作			
	工作态度	10分	严谨认真			
成绩评定		100分				
心得体会						

 牛刀小试

牛刀小试
参考答案

一、单项选择题

1. 设备在使用过程中，应经常性地进行维护保养，尽可能地保持设备的精度和（   ），延长设备的使用寿命。

A. 机能   B. 功能   C. 性能   D. 效率

2. 二级保养相当于（   ）。

A. 抽查   B. 大修   C. 检查   D. 小修

3. 日保养要做到班前四件事、班中（   ）注意和班后四件事。

A. 五   B. 四   C. 六   D. 七

4. 日保养周期是每班一次，用时（　　）分钟。

　A. 5～10　　　　　B. 10～15　　　　　C. 15～20　　　　D. 20～30

5. 周保养内容有外观、（　　）、液压润滑、电气系统。

　A. 检查绝缘　　　B. 排水检查　　　C. 松动检查　　　D. 操纵传动

6. 一级保养的保养停机时间均为（　　）小时。

　A. 6　　　　　　B. 7　　　　　　C. 8　　　　　　D. 9

7. 日常保养的保养人员有（　　）。

　A. 操作人员　　　B. 维修人员　　　C. 检查人员　　　D. 检修人员

8. 二级保养的主要目的是减少设备（　　），消除隐患、延长设备使用寿命，以保证设备顺利完成生产任务。

　A. 使用　　　　　B. 破损　　　　　C. 磨损　　　　　D. 消耗

9. 三级保养制度是充分发挥群众的（　　），实行群管群修，专群结合，搞好设备维护保养的有效办法。

　A. 积极性　　　　B. 规划性　　　　C. 保护性　　　　D. 合理性

二、多项选择题

1. 设备维护保养是通过（　　）、调整等一般方法对设备进行护理。

　A. 润滑　　　　　B. 清洁　　　　　C. 擦拭　　　　　D. 清扫

2. 设备维护保养的基本要求有（　　）。

　A. 清洁　　　　　B. 整齐　　　　　C. 润滑良好　　　D. 安全

3. 设备维护保养的基本内容一般包括（　　）和精度检查。

　A. 一般维护　　　B. 日常维护　　　C. 定期维护　　　D. 定期检查

4. 班前班后认真检查，擦拭设备各个部件、注油，（　　）。

　A. 机器紧固检查　B. 皮带松动检查　C. 开关检查　　　D. 放气排水检查

5. 保养电气系统包括（　　），达到完整、清洁、可靠。

　A. 擦拭电动机　　B. 检查绝缘　　　C. 检查场地　　　D. 接地检查

6. 为提高设备维护水平应使维护工作基本做到三化，即（　　）。

　A. 规范化　　　　B. 工艺化　　　　C. 制度化　　　　D. 流程化

三、判断题

1. 设备维护保养的目的是减少设备事故的发生，保证设备正常高效运转，减少停机时间，避免影响生产进度，直接节约公司使用成本。（　　）

2. 为提高设备维护水平应使维护工作基本做到三化，即规范化、工艺化、制度化。（　　）

3. 二级保养的目的是使提高和巩固设备完好率。（　　）

4. 设备运行时操作人员应遵守安全操作规程，不超负荷使用设备，设备的安全防护装置应齐全可靠，及时消除不安全因素。（　　）

5. 三级保养分别是一级保养、二级保养和三级保养。（　　　）

任务二　设备保养中的安全程序

 任务描述

安全是效率的基础，一旦安全生产管理不好，可能造成人员伤亡、财产损失、生产停滞损失、声誉损失、社会责任损失等多方面损失，企业负责人还面临刑事处罚的风险，也有企业因发生人员伤亡的安全事故而濒临倒闭的案例。

在安全生产上，企业每年都有费用投入的要求。根据《企业安全生产费用提取和使用管理办法》的规定，以一家年营收 10 亿元的机械制造企业为例，当年在安全生产上的投入要达到 290 万元。而一旦发生安全生产事故造成人员伤亡，直接赔付金额为数百万元。从经济性、社会责任等多种角度来看，前期投入重于事后赔付。因此，构建全面的安全防护系统，应该成为智能工厂规划的重中之重。

要求：请以项目组为单位，分别从设备维护保养安全对设备操作人员的要求，对"精、大、稀"设备的使用维护要求，以及设备维护保养的安全流程方面进行分析，完成"任务实施"中提出的问题。

 知识链接

知识点 1：设备维护保养安全对操作人员的基本要求

在设备的维护保养过程中，为了安全，要求员工对设备做到"三好""四会""四项"要求并遵守"五项"纪律。

一、"三好"的内容

①管好：自觉遵守定人定机制度，凭操作证使用设备，不乱用他人的设备。管好工具、附件，不丢失损坏，放置整齐，确保安全防护装置齐全好用，线路、管道完整。

②用好：设备不带病运转，不超负荷使用，不大机小用、精机粗用。遵守操作规程和维护保养规程，细心爱护设备，防止事故发生。

③修好：按计划时间检修，积极配合维修人员停机修理，检修后完成验收试车工作。

二、"四会"的内容

①会使用：熟悉设备结构，掌握设备的技术性能和操作方法，懂得加工工艺，正

确使用设备。

②会保养：能正确按润滑要求加油、换油，保持油路畅通，保证油线、油毡、滤油器的清洁，认真清扫，保持设备内外清洁，无油垢、无脏物。

③会检查：了解设备精度标准，会检查与加工工艺有关的精度检验项目，并能进行适当调整。会检查安全防护和保险装置。

④会排除故障：能通过不正常的声音、温度和运转情况，发现设备的异常状况，并能判断异常状况的部位，及时采取措施，防止事故扩大，要参与事故分析，明确事故原因，吸取教训，做出预防措施。

三、"四项"要求

①整齐：工具、工件、附件放置整齐，安全防护装置齐全，线路管道整齐。

②清洁：设备内外清洁，各滑动面、丝杠、齿条、齿轮等处无油垢，无碰伤。各部分不漏油、不漏水，切屑垃圾清扫干净。

③润滑：按时加油、换油，油质应符合要求，油壶、油枪、油杯要齐全，油毡、油线、油标清楚，油路畅通。

④安全：实行定人、定机和交接班制度，熟悉设备结构，遵守操作规程，合理使用，精心保养，确保安全。

四、"五项"纪律

①凭操作证使用设备，遵守安全操作规程。

②保持设备清洁，并按规定加油。

③遵守交接班制度。

④发现故障，立即停机，自己不能处理的应及时报告。

⑤管好工具及附件，不得丢失。

知识点 2："精、大、稀"设备的使用维护

一、"四定"工作

①定使用人员。按定人定机制度，"精、大、稀"设备操作工人应选择本工种中责任心强、技术水平高和实践经验丰富者，并尽可能保持较长时间的相对稳定。

②定检修人员。"精、大、稀"设备较多的企业，根据本企业条件，可组织"精、大、稀"设备专业维修或修理组，专门负责对"精、大、稀"设备的检查、精度调整、维护、修理。

③定操作规程。"精、大、稀"设备应分机型逐台编制操作规程，予以公示，并严格执行。

④定备品配件。根据各种"精、大、稀"设备在企业生产中的作用及备品配件来源情况，确定储备定额，并优先解决。

二、"精、大、稀"设备使用维护要求

①必须严格按说明书规定安装设备。

②对环境有特殊要求的设备（恒温、恒湿、防震、防尘），企业应采取相应措施，确保设备精度性能。

③设备在日常维护保养中，禁止拆卸零部件，发现异常应立即停机，禁止设备带病运转。

④严格执行设备说明书规定的切削规范，只允许按直接用途进行零部件精加工。加工余量应尽可能小，加工铸件时，毛坯面应预先喷砂或涂漆。

⑤非工作时间应加护罩，长时间停歇应定期进行擦拭、润滑、空运转。

⑥附件和专用工具应有专用柜架放置，保持清洁，防止研伤，不得外借。

知识点 3：设备维护保养的安全流程

在日常维护保养中，要遵循"严"字当头，正确、合理使用，精心地维护保养，认真管理，切实加强使用前、使用过程中和使用后的检查，及时、认真、高质量地消除隐患，排除故障。要做好使用运行情况记录，保证原始资料、凭证的正确性和完整性。要求操作人员能针对设备存在的常见故障，提出改善性建议，并与维修人员一起，采取相应措施，改善设备的技术状况，减少故障发生频率，杜绝事故发生，达到维护保养的目的。因此，要求设备操作人员按以下流程进行设备维护保养。

一、开机前

①检查电源及电气控制开关、旋钮等是否安全、可靠。

②各操纵机构、传动部位、挡块、限位开关等位置是否正常、灵活。

③各运转滑动部位润滑是否良好，油杯、油孔、油毡、油线等处是否油量充足。

④检查油箱、油杯和滤油器是否清洁。

在确认一切正常后，才能开机试运转。在启动和试运转时，要检查各部位工作情况，检查有无异常现象，如异常的声响。检查结束后，要做好记录。

二、在使用过程中

①严格按照操作规程使用设备，不要违章操作。

②设备上不要放置工、量、夹、刀具和工件、原材料等。确保活动导轨面的接合处无切屑、尘灰，无油污、锈迹，无拉毛、划痕、研伤、撞伤等现象。

③应随时注意观察各部件运转情况，查看仪器仪表指示是否准确、灵敏，声响是否正常，如有异常，应立即停机检查，直到查明原因并排除故障为止。

④设备运转时，操作人员应集中精力，不要边操作边交谈，更不能离开正在运转的机器。

⑤设备发生故障后，自己不能排除的应立即与维修人员联系。在维修人员排除故

障时，不要离开，应与维修人员一起查看，并说明故障的发生、发展情况，共同做好故障排除记录。

三、当班工作结束后

当班工作结束后无论加工完成与否，都应认真擦拭，全面保养，要求做到以下几项。

①设备内外认真清洁，无锈迹，工作场地清洁、整齐，地面无油污和垃圾，加工件存放整齐。

②各传动系统工作正常，所有操作手柄灵活、可靠。

③润滑装置齐全，妥善保管。

④安全防护装置完整、可靠，内外清洁。

⑤设备附件齐全，妥善保管。

⑥工具箱内量、夹、工、刃具等存放整齐、合理、清洁，并严格按要求保管，保证量具准确、精密、可靠。

⑦设备上的全部仪器、仪表和安全装置完整无损，灵敏、可靠，指示准确，各传输管接口处无泄漏现象。

⑧保养后，各操纵手柄应置于非工作状态位置，电气控制开关、旋钮等恢复至"0"位，切断电源。

⑨认真填写维护保养记录和交接班记录。

⑩保养工作未完成时，不得离开工作岗位，若保养不符合要求，接班人员提出异议时，应虚心接受并及时改进。

为了保证设备操作人员按要求进行日常维护保养，规定每班工作结束前和节假日放假前的一定时间内，操作人员进行设备保养。对连续作业不能停机保养的设备，操作人员要利用一切可以利用的时间，擦拭、检查、保养，完成保养细则中规定的内容并达到要求。

⊙ 任务实施

阅读任务描述，回答以下问题：

1. 请根据任务描述分析，设备进行维修保养时，需要注意哪些安全问题？

_____

_____

_____

_____

2. 请通过网络查询现代物流公司对设备维护保养的安全要求有哪些。

_____

_____

_____

_____

3. 各组模拟操作人员，进行设备维修保养中安全流程的展示。

_____

_____

_____

_____

任务评价

完成上述任务后，教师组织三方进行评价，并对学生任务执行情况进行点评。学生完成表 3-3 的填写。

表 3-3　　　　　　　　考核评价表

班级		团队名称		学生姓名	
团队成员					
考评项目		分值	要求	学生自评（30%）	团队互评（30%）	教师评定（40%）
知识能力	掌握设备维护保养安全对操作人员的基本要求	20分	掌握准确			
	了解"精、大、稀"设备的使用维护要求	20分	了解全面			
	掌握设备维护保养的安全流程	30分	掌握准确			
职业素养	文明礼仪	10分	使用文明用语			
	团队协作	10分	相互协作			
	工作态度	10分	严谨认真			
成绩评定		100分				
心得体会						

 牛刀小试

一、单项选择题

1. ( ) 是效率的基础，一旦安全生产管理不好，可能造成人员伤亡、财产损失、生产停滞损失、声誉损失、社会责任损失等多方面损失。

A. 操作　　　　　B. 安全　　　　　C. 维护　　　　　D. 检修

2. 在设备的维护保养中，为了安全问题，故使员工对设备做到"三好""四会""（ ）项"要求并遵守"五项"纪律。

A. 二　　　　　B. 三　　　　　C. 四　　　　　D. 五

3. "四定"工作是指（ ）、定检修人员、定操作规程、定配品配件。

A. 定使用人员　　　　　　　　B. 定维修人员

C. 定使用流程　　　　　　　　D. 定配备设备

4. 设备维护保养安全流程分为（ ）个步骤。

A. 二　　　　　B. 三　　　　　C. 四　　　　　D. 五

5. ( ) 工作未完成时，不得离开工作岗位。

A. 检修　　　　　B. 维修　　　　　C. 梳理　　　　　D. 保养

6. 设备上的全部仪器、仪表和安全装置应完整无损，（ ）、可靠，指示准确。

A. 灵活　　　　　B. 灵敏　　　　　C. 安全　　　　　D. 准确

7. 在启动和试运转设备时，要检查各部位工作情况，检查有无异常现象，如异常的（ ）。

A. 噪声　　　　　B. 声响　　　　　C. 状态　　　　　D. 声波

8. 保养后，各操纵手柄等应置于非工作状态位置，电气控制开关、旋钮等恢复至"（ ）"位，切断电源。

A. 0　　　　　B. 180　　　　　C. 270　　　　　D. 360

二、多项选择题

1. "三好"的内容包括（ ）。

A. 管好　　　　　B. 查好　　　　　C. 用好　　　　　D. 修好

2. "四项"要求有（ ）。

A. 整齐　　　　　B. 清洁　　　　　C. 润滑　　　　　D. 安全

3. 对环境有特殊要求的设备，如（ ），企业应采取相应措施，确保设备精度性能。

A. 恒温　　　　　B. 防爆　　　　　C. 防震　　　　　D. 防尘

4. 为了保证设备操作人员按要求进行日常维护保养，（ ）的一定时间内，要求

操作工进行设备保养。

  A. 午休时间   B. 每班工作结束 C. 节假日放假前 D. 晚上休息前

  5. 设备维护保养安全流程分为（ ）。

  A. 在使用前   B. 开机前   C. 在使用过程中 D. 当班工作结束后

  6. 设备专业维修或修理组，专门负责（ ）设备的检查、精度调整、维护、修理。

  A. 精   B. 大   C. 细   D. 稀

三、判断题

  1. "四会"的内容有会使用、会保养、会检查、会排除故障。（ ）

  2. 发现故障，立即停机，自己不能处理的不用及时报告。（ ）

  3. 构建全面的安全防护系统，应该成为智能工厂规划的重中之重。（ ）

  4. 对连续作业不能停机保养的设备，操作人员要利用一切可以利用的时间，擦拭、检查、保养，完成保养细则中规定的内容并达到要求。（ ）

  5. 保养工作未完成时，不得离开工作岗位。（ ）

任务三 排查故障和应急维修安全措施

📖 任务描述

  在一次货物运输过程中，货车突然失去了控制，导致车辆失控冲出公路并翻车。这种情况可能是由车辆故障、驾驶员操作不当或者路面状况不佳等原因引起的。为了预防这类事故，物流企业应该加强车辆的日常维护保养，确保车辆的技术状况良好。同时，应加强对驾驶员的培训和考核，提高他们的驾驶技术和应急处理能力。此外，还应定期检查和维护场内作业路面，确保其光滑平整，减少事故的发生概率。

  要求：请以项目组为单位，分别从设备维护保养的内容、设备需要维护保养的周期等方面进行分析，完成"任务实施"中提出的问题。

🔍 知识链接

知识点1：设备常见的故障

一、设备常见的故障

设备常见的故障包括以下几种：

①磨损老化；

②精度劣化；

③工艺失误；

④维修不当；

⑤设计缺陷；

⑥积垢；

⑦润滑不良；

⑧操作不当；

⑨其他人为故障。

设备常见故障的占比如图 3 - 2 所示。

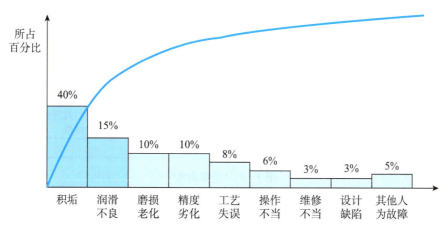

结论：在设备进入正常运行阶段，日常维护保养极其重要。

图 3 - 2　设备常见故障的占比

二、设备故障分类

①致命故障：指危及或导致人身伤亡，引起机械设备报废或造成重大经济损失的故障。

②严重故障：指严重影响机械设备正常使用，在较短的有效时间内无法排除的故障。

③一般故障：指明显影响机械设备正常使用，在较短时间内可以排除的故障。

④轻度故障：指轻度影响机械设备正常使用，能在日常保养中随时排除的故障，如零件松动等。

三、设备故障曲线

实践证明，可维修设备的故障率随时间的推移呈如图 3 - 3 所示的曲线形状，这就是著名的"浴盆曲线"。设备维修期内的设备故障状态分以下三个时期。

①初始故障期：故障率由高而低。该时期的故障主要由设计缺陷、工艺失误、操作不当等原因造成。

②偶发故障期：故障率低且稳定，该时期的故障由润滑不良或维修不当造成，会造成领域最佳工作期延误。

③耗损故障期：故障率急剧升高，磨损严重，有效寿命结束。

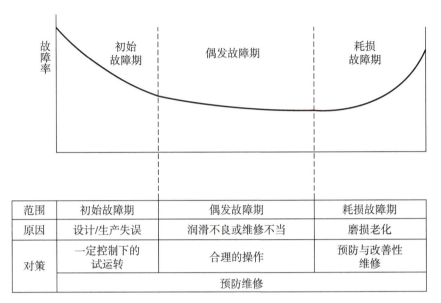

范围	初始故障期	偶发故障期	耗损故障期
原因	设计/生产失误	润滑不良或维修不当	磨损老化
对策	一定控制下的试运转	合理的操作	预防与改善性维修
	预防维修		

图 3 - 3 "浴盆曲线"

知识点 2：设备故障产生的影响因素

一、装配是否标准

装配首先要有正确的装配要求，初始间隙过大，有效寿命期就会缩短；装配中各零部件之间的相互位置精度也很重要，若达不到要求，会引起附加应力，会造成零部件偏磨等，加速磨损和老化。

二、维修是否合理

根据工艺合理、经济合算、生产可能的原则，合理进行维修，保证维修质量。这里最重要、最关键的是合理选择和运用修复工艺，注意修复前做好准备，修复过程按规程执行操作，做好修复后的处理工作。

三、使用是否正确

在正常使用条件下，机械设备有其自身的故障规律。使用条件改变故障规律也随之变化。

1. 工作载荷

机械设备发生损耗故障的主要原因是零部件的积垢、磨损和老化。在规定的使用条件下，零部件的磨损在单位时间内与载荷呈线性关系。零部件的磨损在一定的交变载荷下发生，并随其增大而加剧，因此，磨损和老化都与载荷有关。当载荷超过设计的额定值后，将引起剧烈的破坏。

2. 工作环境

工作环境包括气候、腐蚀介质和其他有害介质，以及工作对象的状况等。温度升高，磨损和腐蚀加剧；过高的湿度和空气中的腐蚀介质存在，也会造成腐蚀和磨损；空气中含尘量过多，会加速机械设备的损坏。

3. 保养和操作

建立合理的维护保养制度，严格执行技术保养和使用操作规程，是保证机械设备工作的可靠性和提高使用寿命的重要条件。此外，需要对人员进行培训，提高职业素质。

知识点 3：设备点检与润滑

一台设备最关键的保养内容有两点：点检、润滑。

一、点检

为了维持生产设备的原有性能，通过人的五感（视、听、嗅、味、触）或简单的工具，按照预先设定的周期和方法，对设备上的规定部位（点）进行预防性周密检查，以使设备的隐患和缺陷能够及早发现，以便早期预防、早期处理，这样的设备检查称为点检。

点检的要点包括以下几点。

①滚动链：检查滚子、传动片是否损坏，链轮轴是否平行及链条紧张程度。

②皮带：检查皮带表面伤痕、破裂、沾油、磨损情况；多条皮带紧张程度的一致性；皮带轮槽是否磨光；传动盘、传动臂是否有异音、震动；传动是否水平、顺畅。

③空压系统：检查各压力表数值是否正常，气体有无泄露。

④油压系统：检查油温、油面计是否清楚易读；油温、油量是否适当；压力计调校是否正确；油泵有无异响、发热、震动；紧急制动阀控制螺帽是否拧紧；配管安装是否正确、有无漏油。

⑤控制、操作盘：检查电压、电流计读数是否清晰、正确；指示灯、铭牌有无损坏；继电器有无异响；门是否关紧；盘内有无灰尘等异物。

⑥电气设备：检查继电器、光电开关、限位开关安装是否正确，有无水、油、尘土附着；开关处是否标明被控制设备名称；紧急停止开关动作是否灵敏；配线、配管有无偏移；中继箱盖安装是否正确；地线是否完好、无脱落；电缆线配布是否整齐、规范；有无不必要的长配线。叉车的点检管理表样例如图 3 - 4 所示。

二、润滑

设备的润滑是设备维护的重要环节，设备缺油或油变质会导致设备故障甚至破坏设备的精度和功能。做好设备润滑，对减少故障、机件磨损，延长设备的使用寿命起着重要作用。

年　月	特种设备（叉车）点检管理表		机 ○	标准编号	R-ES-06-015	良好	✓	包机人	维修班长	安全员	安全监察
部门			电 ○	版　次	第 2 版	异常	×				
区域				页　次	1/1	处理后正常	△				

项号	检查项目	检查基准	异常处理方法	点检周期	点检记录				
					第45周	第46周	第47周	第48周	第49周
1	整车外观	叉车车身是否整洁、部件是否完好	清理、擦拭并保持维护	1周/次					
		后视镜、仪表是否完好灵敏	紧固、维修	1周/次					
		有无异响	维修、保养	1周/次					
2	动力系统	发动机连接及运转有无异常	维修、保养	1周/次					
		点火及冷却系统有无异常	维修、保养	1周/次					
3	传动系统	离合器有无异常	维修、保养	1周/次					
		变速器有无异常	维修、保养	1周/次					
		方向盘及助力系统有无异常	维修、保养	1周/次					
4	电控系统	电机控制电路及电源总开关有无异常	维修、保养	1周/次					
		转向灯及刹车灯有无异常	维修、保养	1周/次					
		行车喇叭有无异常	维修、保养	1周/次					
点检人签字									

设备异常及处理结果明细						
序号	机台	异常描述		处理方式	确认人	确认时间
1						
2						
3						
4						
5						
6						

图 3-4　叉车的点检管理表样例

执行设备润滑管理制度，应做到"三级过滤""五定"。

1. "三级过滤"

"三级过滤"是指油桶到固定储油箱、固定储油箱到油壶、油壶到润滑部位的过滤。

2. "五定"

"五定"主要包括以下 5 项。

①定点：按日常的润滑部位注油，不得遗漏。

②定人：设备的日常加油部位，由操作人员负责；定期加油部位，由维修人员负责。

③定质：按设备要求，选定润滑油（脂）品种，质量要合格。润滑油必须经过"三级过滤"，清洁无杂物，方可加入润滑部位。禁止乱用润滑油（脂）或用不干净的润滑油（脂）。

④定时：按规定的间隔时间对设备的加油部位进行加油、清洗或换油。

⑤定量：按设备标定的油位和数量，加足。

知识点 4：设备故障诊断

故障是设备的异常状态，根据检测设备异常状态信息的方法不同，形成了各种设备故障诊断方法。常用的简易诊断方法主要有听诊法、触测法和观察法。

1. 看：眼

看是否有松动、裂纹和其他损伤等；检查润滑是否正常，有无干摩擦和跑、冒、滴、漏现象；判断零部件的磨损情况；检查设备运行是否正常等。

2. 听：耳

听是否有不正常的杂音；用手锤敲是否有破裂声。正常运行情况下，机组的噪声是连续、平稳、有规律的。

3. 摸：手

用手摸，感受温度、震动、间隙的变化。

4. 闻：鼻

闻气味，判断是否有焦味、油烟味等，如泄漏、烧焦的乙烯、丙烷、润滑油、油漆等都有较大刺激性气味。

5. 比：比较

如同型号设备运行时各种状态的对比，找出不同，找出差距。

6. 问：维修人员

询问操作人员设备的具体情况。

7. 查：维修人员

检查设备维修记录。

知识点 5：设备突发情况原因分析

1. 设备老化

长时间运行导致设备磨损、性能下降。

2. 维护不当

缺乏定期保养或保养不彻底，导致设备隐患积累。

3. 操作失误

操作人员不熟悉设备或违反操作规程造成设备故障。

4. 外部因素

如电力波动、恶劣环境、意外撞击等导致设备损坏。

知识点 6：应急维修安全措施

一、现场安全隔离与警戒

1. 划定警戒区域

根据事故性质和现场情况，立即划定警戒区域，禁止非救援人员进入。

2. 设置安全标识

在警戒区域边界设置明显的安全标识，如警示灯、警示带等，提醒人员注意安全。

3. 实施交通管制

对事故现场周边道路实施交通管制，确保救援车辆和人员顺利进出。

二、设备抢修与恢复措施

1. 启动应急抢修程序

立即启动应急抢修程序，组织专业技术人员赶赴现场进行设备检查和抢修。

2. 调配备用设备

根据设备故障情况，及时调配备用设备，确保生产或运营活动能够迅速恢复。

3. 实施紧急采购

若现场缺少必要的抢修材料或备品备件，应立即启动紧急采购程序，确保所需物资及时到位。

🎯 任务实施

阅读任务描述，回答以下问题：

1. 请根据任务描述分析，物流环节中设备产生故障的原因有哪些？该如何应对？

_____

_____

_____

_____

2. 请通过网络查询现代物流公司应对设备故障的应急措施有哪些。

_____

_____

_____

_____

3. 各组模拟设备出现故障，进行设备故障应急演练。

_____

_____

_____

_____

📝 任务评价

完成上述任务后，教师组织三方进行评价，并对学生任务执行情况进行点评。学生完成表 3 - 4 的填写。

表 3 - 4　　　　　　　　　考核评价表

班级		团队名称		学生姓名	
团队成员					

考评项目		分值	要求	学生自评（30%）	团队互评（30%）	教师评定（40%）
知识能力	了解设备常见的基本故障	20分	了解全面			
	掌握产生故障的影响因素	20分	掌握准确			
	掌握设备故障诊断的方法与应急维修安全措施	30分	掌握准确			
职业素养	文明礼仪	10分	使用文明用语			
	团队协作	10分	相互协作			
	工作态度	10分	严谨认真			
成绩评定		100分				
心得体会						

 牛刀小试

牛刀小试
参考答案

一、单项选择题

1. （　　）故障率低且稳定，若维修不当会延误最佳工作期。

A. 严重故障期　　　B. 耗损故障期　　　C. 初始故障期　　　D. 偶发故障期

2. 一台设备最关键保养内容有两点：点检、（　　）。

A. 润滑　　　　　B. 检查　　　　　C. 打磨　　　　　D. 处理

3. 危及或导致人身伤亡，引起机械报废或造成重大经济损失的故障是（　　）。

A. 严重故障　　　B. 轻度故障　　　C. 一般故障　　　D. 致命故障

4. 点检要点分为（　　）点。

A. 五　　　　　　B. 六　　　　　　C. 七　　　　　　D. 八

5. 使设备的隐患和缺陷能够及早发现，以便早期预防、早期处理，这样的设备检查称为（　　）。

A. 检查　　　　　B. 点检　　　　　C. 修理　　　　　D. 预防

6. 执行设备润滑管理制度，应做到"五定""（　　）级过滤"

A. 四 　　　　　 B. 三 　　　　　 C. 二 　　　　　 D. 一

7. 应（　　）按日常的润滑部位注油，不得遗漏。

A. 定点 　　　　　 B. 定量 　　　　　 C. 定位 　　　　　 D. 定期

8. 设备维修期内的设备故障状态分（　　）个时期。

A. 三 　　　　　 B. 四 　　　　　 C. 五 　　　　　 D. 六

9. 长时间运行导致设备磨损、性能下降，设备突发情况的原因是（　　）。

A. 维护不当 　　　 B. 操作失误 　　　 C. 设备老化 　　　 D. 外部因素

二、多项选择题

1. 设备故障分类有（　　）。

A. 致命故障 　　 B. 严重故障 　　 C. 一般故障 　　 D. 轻度故障

2. 设备故障产生的影响因素有（　　）。

A. 装配是否标准 　 B. 维修是否合理 　 C. 使用是否正确 　 D. 佩戴是否整齐

3. 点检可通过人的五感，即视、（　　）或简单的工具，按照预先设定的周期和方法检查设备。

A. 听 　　　　　 B. 嗅 　　　　　 C. 味 　　　　　 D. 触

4. 设备的隐患和缺陷能够得到（　　）。

A. 早期预防 　　 B. 早期发现 　　 C. 早期上报 　　 D. 早期处理

5. 现场安全隔离与警戒措施有（　　）。

A. 划定警戒区域 　 B. 设置安全标识 　 C. 实施交通管制 　 D. 实施紧急采购

6. 一台设备最关键保养内容有（　　）。

A. 调试 　　　　　 B. 点检 　　　　　 C. 润滑 　　　　　 D. 保养

7. 执行设备润滑管理制度，应做到"五定""三级过滤"其中"五定"包括（　　）。

A. 定人 　　　　　 B. 定质 　　　　　 C. 定时 　　　　　 D. 定量

三、判断题

1. 故障是设备的异常状态，根据检测设备异常状态信息的方法不同，形成了各种设备诊断方法。（　　）

2. 设备故障时划定警戒区域，在警戒区域边界设置明显的安全标识，如警示灯、警示带等，提醒人员注意安全。（　　）

3. 建立合理的维护保养制度，严格执行技术保养和使用操作规程，是保证机械设备工作的可靠性和提高使用寿命的重要条件，此外，需要对人员进行培训，提高职业素质。（　　）

4. 轻度故障影响机械设备正常使用，能在日常保养中随时排除的故障。零部件松动等属于一般故障。（　　）

5. 耗损故障期设备的故障率急剧升高，磨损严重，有效寿命结束。（　　）

模块二 风险评估与控制

学习目标

◎ 知识目标

（1）掌握物流设施设备的风险识别方法。

（2）掌握物流设施设备的风险评估方法。

（3）掌握辨识危险源的方法。

◎ 能力目标

（1）能够识别物流设施设备的风险。

（2）能够辨识危险源。

（3）能够制定管控措施。

◎ 思政目标

（1）将社会主义核心价值观融入物流设施设备风险评估框架，引导学生理解诚信对降低交易成本的作用。

（2）强化"安全第一"的职业操守，引导学生思考可持续发展与社会责任的关系。

（3）分析法律风险对企业的影响，强化法治意识。

知识图谱

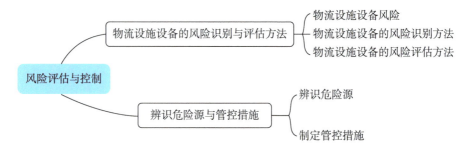

案例导入

为全面掌握我国物流园区建设运营情况，及时发现园区发展中的突出问题，研判发展趋势，更好地推动物流园区高质量发展，有效降低全社会物流成本，助力中国式现代化建设，中国物流与采购联合会在 2006 年以来六次调查的基础上，于 2024 年组织开展了第七次全国物流园区（基地）调查。按照一定的调查范围及标准，经逐一反复筛选梳理，最终确认 2769 个物流园区作为基础数据。通过对调查数据和情况的定量与定性分析，并充分吸收地方政府、重点物流园区和企业代表及专家意见，最终形成调查报告。

调查结果显示，超半数园区智慧物流投入占比超 5%，近七成园区应用智慧物流设施设备，60.8% 的园区将对现有设施进行改造升级，56.0% 的园区将进行自动化、数字化、智慧化升级。可见，物流设施设备的风险评估与控制非常重要，通过有效识别与评估物流设施设备风险，并采取相应措施，可降低风险，从而保障物流运作的安全与高效；通过有效辨识和管控危险源，可提升安全管理水平，保障员工的健康和安全，同时提高物流设施的运营效率。

任务一　物流设施设备的风险识别与评估方法

任务描述

随着物流行业的快速发展，物流设施设备是支撑整个物流体系高效运转的基石，其安全性与稳定性直接影响物流服务的时效性、完整性及成本效益。然而，物流过程中涉及的多环节、多设备操作，也带来了不容忽视的风险隐患。

要求：请以项目组为单位，分别从物流设施设备的风险识别与评估方法等方面进行分析，完成"任务实施"中提出的问题。

知识链接

知识点 1：物流设施设备风险

在物流行业中，设施设备的正常运行是保障物流作业高效、安全的关键。随着物流活动的复杂化与多样化，物流设施设备面临的风险也日益增多。为确保物流作业安全高效进行，应熟悉物流设施设备可能面临的主要风险，以便提出相应的防范与应对措施。

一、设备故障风险

设备故障风险是指物流设备，如叉车、传送带、自动化仓储系统等，因长期使用、维护不当或设计缺陷导致故障的风险，可能影响物流作业效率，甚至引发安全事故。

二、重物操作风险

重物操作风险是指在装卸、搬运重物过程中，因操作不当或设备故障导致重物坠落、碰撞等事故，对人员和设备造成伤害的风险。重物操作风险如图 3-5 所示。

图 3-5　重物操作风险

三、化学品泄漏风险

化学品泄漏风险是指在运输或储存化学品时，因包装破损、操作不当或管理疏忽导致的化学品泄漏的风险，可能对环境造成污染，对人体健康造成危害。

四、高空作业风险

高空作业风险是指在仓库、码头等场所进行高空作业时，因防护措施不到位或操作不当导致坠落事故发生的风险。高空作业风险如图 3-6 所示。

五、电力与火灾风险

电力与火灾风险是指电气设备故障、电线老化、违规用电等因素可能引发火灾事故，对物流设施设备和货物造成损失的风险。

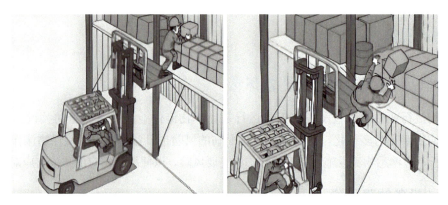

图 3 - 6　高空作业风险

六、环境安全风险

环境安全风险是指自然灾害（如洪水、地震）或人为因素（如污染）对物流设施设备造成损害的风险。

七、职业健康风险

职业健康风险是指长时间从事物流作业可能导致员工出现职业病（如尘肺病、听力损伤等）的风险。

八、管理安全风险

管理安全风险是指管理制度不健全、执行不力或人员培训不足等管理问题导致的安全风险。

知识点 2：物流设施设备的风险识别方法

为了有效预防和控制物流过程中可能发生的各类风险，必须对物流设施设备进行全面的风险识别。

一、现场检查

①实地观察：通过现场检查，识别设施设备的潜在风险，包括物理损伤、操作不当、环境条件等。

②目视检查：观察设备运行时的表现，关注异常声响、震动或漏油现象。

二、员工访谈

交流与反馈：与操作人员进行沟通，获取他们对设施设备潜在风险的看法和实际操作中的问题。

三、故障分析

①历史数据分析：查阅设备的维护记录和故障历史，识别频繁出现的问题及其原因。

②根本原因分析（RCA）：针对过去发生的事故或故障，进行深入分析，找出根本原因。

四、安全检查清单

制定安全检查清单：根据设备的特点和相关安全标准，制定详细的安全检查清单，逐项识别潜在风险。

五、流程分析

作业流程审查：分析物流作业流程，识别在不同环节中可能存在的风险点。作业流程分析如图 3-7 所示。

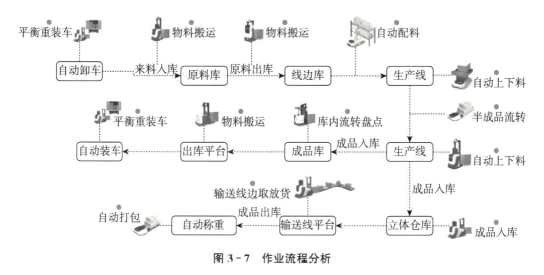

图 3-7 作业流程分析

知识点 3：物流设施设备的风险评估方法

物流设施设备的风险评估是指对识别出的风险进行量化评估，确定其发生的可能性和潜在影响。

一、定性评估

①专家评估：邀请安全专家或设备制造商进行评估，基于经验判断风险的严重性和可能性。

②风险矩阵：采用风险矩阵，将识别出的风险按照发生概率和影响程度进行分类，确定优先级。风险矩阵分析法的步骤如图 3-8 所示。

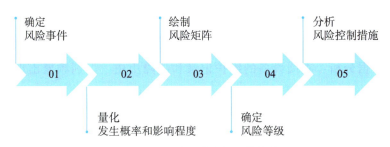

图 3 - 8 风险矩阵分析法的步骤

二、定量评估

①概率分析：使用统计学方法，结合历史数据评估风险发生的概率。

②损失估算：评估各类风险发生后可能造成的经济损失，包括设备损坏、人员伤害和停工损失等。

三、故障模式与影响分析（FMEA）

FMEA 指识别潜在的故障模式，评估其对设备和流程的影响，确定风险优先级，制定应对措施。故障模式与影响分析的基本步骤如图 3 - 9 所示。

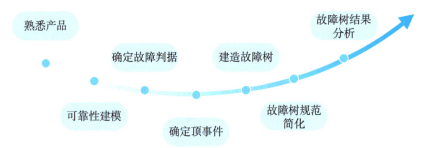

图 3 - 9 故障模式与影响分析的基本步骤

四、故障树分析（FTA）

故障树分析是通过故障树模型分析导致系统失效的各种因素，识别关键风险点。故障树分析的基本步骤如图 3 - 10 所示。

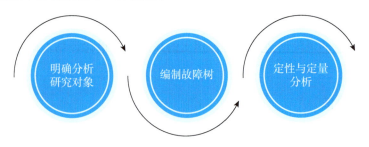

图 3 - 10 故障树分析的基本步骤

物流设施设备面临多方面的风险，需要通过系统的风险识别与评估，制定相应的风险应对策略，以确保物流作业的顺利进行和企业的可持续发展。

任务实施

阅读任务描述，回答以下问题：

1. 请根据任务描述梳理物流设施设备可能面临的主要风险。

_____

_____

_____

_____

2. 请结合物流设施设备的风险识别与评估方法，列举应对各种风险的防范措施。

_____

_____

_____

_____

任务评价

完成上述任务后，教师组织三方进行评价，并对学生任务执行情况进行点评。学生完成表 3 - 5 的填写。

表 3 - 5 　　　　　　　　　　考核评价表

班级		团队名称		学生姓名	
团队成员					

考评项目		分值	要求	学生自评（30%）	团队互评（30%）	教师评定（40%）
知识能力	掌握物流设施设备风险的基本内容	20 分	掌握准确			
	了解风险识别与评估方法	20 分	了解全面			
	了解风险应对措施	30 分	了解全面			
职业素养	文明礼仪	10 分	使用文明用语			
	团队协作	10 分	相互协作			
	工作态度	10 分	严谨认真			
成绩评定		100 分				
心得体会						

牛刀小试

牛刀小试
参考答案

一、单项选择题

1. 随着物流行业的快速发展，物流（　　）是支撑整个物流体系高效运转的基石。

A. 仓储　　　　　　　　　　　　B. 配送

C. 设施设备　　　　　　　　　　D. 运输

2. 物流设施设备风险评估是指对识别出的风险进行量化（　　），确定其发生的可能性和潜在影响。

A. 分析　　　　　　　　　　　　B. 计算

C. 评估　　　　　　　　　　　　D. 影响

二、多项选择题

1. 下列属于物流设施设备可能面临的风险的是（　　）。

A. 设备故障　　　　　　　　　　B. 重物操作

C. 化学品泄漏　　　　　　　　　D. 高空作业

2. 下列属于物流设施设备评估方法的是（　　）。

A. 定性评估　　　　　　　　　　B. 定量评估

C. FMEA　　　　　　　　　　　D. FTA

三、判断题

1. 电气设备故障、电线老化、违规用电等因素可能引发火灾事故，对物流设施设备和货物造成损失。（　　）

2. 利用物联网、大数据、人工智能等先进技术，提升物流设施设备的智能化水平，减少人为失误和事故风险。（　　）

任务二　辨识危险源与管控措施

📖 任务描述

在物流行业中，物流设施设备的安全运行是维护作业环境、保障人员安全以及提高物流效率的重要基础。为了有效预防和控制事故，对物流设施设备中的危险源进行准确辨别至关重要。通过全面、系统地辨识物流设施设备中的危险源，并采取相应的管控措施，可以有效降低物流作业中的安全风险，保障人员与设备的安全。

要求：请以项目组为单位，分别从辨识危险源、制定管控措施等方面进行分析，完成"任务实施"中提出的问题。

 知识链接

知识点 1：辨识危险源

危险源指可能导致事故、损害人身安全和财产安全的物质、能量、设备、环境等因素。物流设施设备危险源辨识指对物流设施设备进行全面、系统的分析，识别出潜在的危险源，以便采取相应的措施进行防范和控制。

一、辨识危险源的方法

在物流设施设备的运行过程中，准确辨识潜在的危险源是保障作业安全的首要任务。

1. 现场观察法

现场观察法指通过直接观察物流作业现场，包括设备的运行状态、人员操作行为、环境条件等，识别存在的安全隐患。该方法直观且易于实施，但需要具备丰富的专业知识和经验的人员进行辨识。

现场观察法如图 3–11 所示。

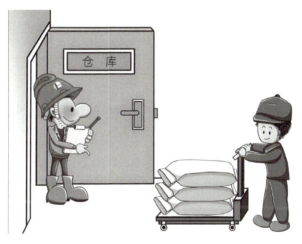

图 3–11　现场观察法

2. 工作任务分析法

工作任务分析法指将物流作业细分为具体的工作任务，逐一分析每个任务中可能涉及的危险因素，如重物搬运、高空作业、机械操作等，从而全面识别危险源。

3. 安全检查表法

安全检查表法指根据物流设施设备的特点和行业标准，编制安全检查表，定期检查并记录设备状态、安全防护装置的有效性等，以此发现潜在危险源。

4. 专家咨询法

专家咨询法指邀请安全领域的专家进行实地考察和评估，利用其专业知识和经验，识别出可能被忽视的复杂或潜在的危险源。

二、辨识危险源的内容（见表 3-6）

表 3-6 辨识危险源的内容

类别	辨识内容
设备本体安全	1. 检查设备是否超负荷运行，是否存在老化、磨损、腐蚀等现象。 2. 确认安全防护装置（如紧急停止按钮、防护罩、安全阀等）是否完好有效。 3. 评估设备电气系统、液压系统、气动系统等关键部件的安全性
作业环境安全	1. 分析作业区域的布局是否合理，是否存在通道狭窄、堆放杂乱等问题。 2. 检查照明、通风、消防等基础设施是否满足安全要求。 3. 评估噪声、振动、粉尘等环境因素对作业人员的影响
人员行为安全	1. 观察作业人员是否穿戴适当的个人防护装备。 2. 分析作业流程中是否存在违章操作、疲劳作业等不安全行为。 3. 评估作业人员的安全意识和应急反应能力

三、物流环节中常见危险源

1. 运输环节

运输环节常见危险源如图 3-12 所示。

货物损坏 ｜ 在运输过程中，由于道路颠簸、车辆急刹车等原因，可能导致货物损坏，影响货物质量和交付时间。

天气变化 ｜ 恶劣天气如暴雨、大雪、大雾等可能影响运输安全，增加事故风险。

交通事故 ｜ 由于驾驶员疲劳驾驶、超速行驶、酒后驾驶等违章行为，或车辆本身存在缺陷，可能导致交通事故，造成人员伤亡和财产损失。

图 3-12 运输环节常见危险源

2. 装卸环节

装卸环节常见危险源如图 3-13 所示。

人员伤害	货物损坏	设备故障

装卸人员可能因操作不当或设备故障等原因受伤，如被货物砸伤、被叉车撞伤等。

在装卸过程中，由于操作不当或设备故障，可能导致货物损坏或散落，影响货物质量和交付时间。

装卸设备如叉车、吊车等可能出现故障，影响装卸效率和安全。

图 3-13　装卸环节常见危险源

3. 包装环节

包装环节常见危险源如图 3-14 所示。

货物散落

包装不牢固可能导致货物在运输过程中散落，不仅影响货物质量，还可能对运输工具与其他货物造成损害。

标识不清

包装标识不清晰或错误，可能导致货物错运、漏运等问题，从而影响物流效率与准确性。

包装破损

由于包装材料差、设计不合理等原因，可能导致包装破损，使货物在运输过程中受损。

图 3-14　包装环节常见危险源

4. 仓储环节

(1) 仓储设施设备及安全管理要求（见图 3-15）

仓库选址

应远离居民区、水源地等敏感区域，选择地势较高、排水良好的区域，防止洪涝灾害。

仓库建筑

应该采用耐火材料建造，符合消防安全要求，设置防火门、防火墙等设施。

设施设备

应该配备完善的消防器材、安全警示标识、应急照明等设施，确保在紧急情况下能够及时应对。

图 3-15　仓储设施设备及安全管理要求

（2）库存物品分类与特性分析（见图 3－16）

易燃易爆物品

如具有易燃、易爆、有毒等特性的物品等，须特别注意储存和运输安全。

腐蚀性物品

如具有强腐蚀性的酸、碱、盐等，容易对人员、设备、环境等造成伤害。

有毒有害物品

如具有毒性或有害性的农药、化学品等，可能对人体健康和环境造成伤害。

图 3－16　库存物品分类及特性分析

知识点 2：制定管控措施

一、风险评估与分级

企业应对辨识出的危险源进行风险评估，根据风险等级制定相应的管控优先级。

二、制定控制措施（见图 3－17）

针对设备本体安全，实施定期维护保养、更换老旧零部件、增设安全防护装置等措施。

改善作业环境，优化布局，加强通风照明，设置安全警示标识等。

加强人员培训，提高安全意识和操作技能，制定安全操作规程和应急预案。

图 3－17　物流风险控制措施

三、建立责任制

明确各级管理人员和作业人员的安全责任，确保管控措施得到有效执行。

四、实施与监督

1. 实施方案

制订详细的实施计划，明确时间节点、责任人和所需资源，确保管控措施逐步落地。

2. 监督检查

建立定期检查机制，对管控措施的执行情况进行跟踪监督，及时发现并纠正问题。

3. 持续改进

根据实施效果和反馈意见，不断优化管控措施，形成持续改进的良性循环。

五、技术提升与改进

1. 引入先进技术

利用物联网、大数据、人工智能等先进技术，提升物流设施设备的智能化水平，减少人为失误和事故风险。

2. 改造升级设备

对老旧设备进行改造升级，提高设备的安全性能和运行效率。

3. 研发创新

鼓励技术创新和研发，开发更加安全、高效、环保的物流设施设备。

物流设施设备的危险源辨识与管控是一个系统工程，需要综合运用多种方法和手段，从设备、环境、人员等多个方面入手，形成全方位、多层次的管控体系，确保物流作业的安全顺利进行。

◎ 任务实施

阅读任务描述，回答以下问题：

1. 请根据任务描述，列举物流设施设备中的危险源。

_____

_____

_____

_____

2. 请说明物流环节中常见危险源并制定相应管控措施。

_____

_____

_____

_____

3. 各组模拟操作人员，进行危险源管控措施展示。

_____

_____

_____

_____

任务评价

完成上述任务后，教师组织三方进行评价，并对学生任务执行情况进行点评。学生完成表 3-7 的填写。

表 3-7　考核评价表

班级		团队名称			学生姓名	
团队成员						
考评项目		分值	要求	学生自评（30%）	团队互评（30%）	教师评定（40%）
知识能力	能够辨识危险源	20 分	辨识准确			
	掌握辨识危险源的方法	20 分	掌握准确			
	了解危险源管控措施	30 分	了解全面			
职业素养	文明礼仪	10 分	使用文明用语			
	团队协作	10 分	相互协作			
	工作态度	10 分	严谨认真			
成绩评定		100 分				
心得体会						

 牛刀小试

牛刀小试
参考答案

一、单项选择题

1. 在物流设施设备的运行过程中，准确辨识潜在的（　　）是保障作业安全的首要任务。

A. 危险源　　　　B. 风险源　　　　C. 危险　　　　D. 风险

2. 下列不属于运输环节常见危险源的是（　　）。

A. 货物损坏　　　　B. 天气变化　　　　C. 交通事故　　　　D. 设备故障

二、多项选择题

1. 下列属于辨识危险源方法的是（　　）。

A. 现场观察法　　　B. 工作任务分析法　　C. 安全检查表法　　　D. 专家咨询法

2. 危险源指可能导致事故、损害人身安全和财产安全的（　　）等因素。

A. 物质 B. 能量 C. 设备 D. 环境

三、判断题

1. 现场观察法指通过直接观察物流作业现场，包括设备的运行状态、人员操作行为、环境条件等，识别存在的安全隐患。该方法直观且易于实施，也无须具备丰富的专业知识和经验。（　　）

2. 仓库建筑应该采用耐火材料建造，符合消防安全要求，设置防火门、防火墙等设施。（　　）

3. 仓库中储存的具有强腐蚀性的酸、碱、盐等，容易对人员、设备、环境等造成伤害。（　　）

参考文献

［1］杨双幸．智慧物流设施设备［M］.北京：中国财富出版社有限公司，2024.

［2］宋歌．智能物流设施与设备［M］.北京：中国财富出版社有限公司，2024.

［3］刘敏．物流设施设备［M］.2版.北京：高等教育出版社，2020.

［4］陈雄寅．物流设备应用［M］.北京：电子工业出版社，2018.

［5］商磊．智慧物流设备应用［M］.北京：机械工业出版社，2024.